Name	Geschmack	Gerichte	Verw	
Liebstöckel	kräftig, würzig, deftig intensiv	Suppen, Eintöpfe, Füllungen, Schmor- und Fleischgerichte, helle Saucen, Kräuteressig	Blätter, Samen Stängel frisch/ getrocknet	mehrjährig, Sonne/ Schatten
Löwenzahn	fein säuerlich	Salate, als Beimischung zu Spinat	Blätter frisch	wild wachsend
Minze, Pfefferminze	Pfefferminz-geschmack	Suppen, Salate, Saucen, Gemüsefüllungen, Desserts	Blätter frisch/ getrocknet	mehrjährig, Halbschatten
Majoran, Oregano	fein, mild herb aromatisch	Geflügel, Wild, gegrilltes Fleisch, Gemüse, Füllungen, Suppen, Saucen, Pizza	Blätter frisch/ getrocknet	einjährig, Sonne
Petersilie	ausgeprägtes Aroma	Fisch, Geflügel, Fleisch, Eiergerichte, Salate, Suppen, Saucen, Eintöpfe	Blätter frisch/ getrocknet	zweijährig, Halbschatten
Portulak	nussig, säuerlich	Salate, Quark, Eiergerichte, Gemüse, Suppen, Saucen	Blätter frisch	einjährig, Sonne
Rosmarin	herb würzig, sehr aromatisch	Geflügel, Lamm, Kalb, Gemüse, Pizza, Marmelade	Blätter, Zweige frisch/ getrocknet	mehrjährig, Sonne
Rucola	pikant würzig, leicht bitter	Salate, Nudelgerichte, Risotto, Pizza	Blätter frisch	wild wachsend
Salbei	kräftig aromatisch	Aal, Kalb, Schwein, Leber, Füllungen, Tomatensaucen, Salate, Käse	Blätter frisch/ getrocknet	mehrjährig, Sonne
Sauerampfer	fein säuerlich	Blattsalate, Suppen, Saucen, Eiergerichte, Füllungen	Blätter frisch	wild wachsend
Schnittlauch	milder Zwiebel-geschmack	Salate, Dipps, Kräuterquark, Suppen, Saucen, Eiergerichte	Stängel frisch	mehrjährig, Sonne/ Schatten
Thymian	angenehm würzig, harmonisch	Geflügel, Lamm, Schwein, Gemüse, Füllungen, Saucen	Blätter frisch/ getrocknet	mehrjährig, Sonne

Das große
Kräuterkochbuch

Heike Knophius

Das große Kräuterkochbuch

Vielseitige Rezepte, praktische Kräuterkunde
und Gesundheitstipps

LUDWIG

Inhalt

Kräuter und Blütenpflanzen – eine dekorative Mischung.

Haltbar und köstlich sind Kräuteröle und -essige.

Borretschblüten sind wunderschön leuchtend blau.

Vorwort

Wer kennt sie nicht, die alle unsere Sinne anregenden Assoziationen, die beim magischen Klang des Wortes »Kräuter« in uns entstehen? Bilder von sonnendurchtränkten, nach Rosmarin und Thymian duftenden südlichen Landschaften ziehen an unserem inneren Auge vorüber, und der imaginäre Geruch von einfachen, aber köstlich schmeckenden Gerichten scheint in unsere Nase zu steigen. Ihren guten Ruf verdanken die Kräuter nicht zuletzt ihrer Eigenschaft, sanfte, aber wirkungsvolle und vielseitige Helfer aus der Apotheke der Natur zu sein. So werden viele Gerichte, die mit Kräutern zubereitet werden, nicht nur zu einem Hochgenuss für den Gaumen, sondern zugleich auch zu einer wohlschmeckenden Medizin. Nirgendwo sonst wird die leidvolle Annahme, dass »alles, was Spaß macht, auch ungesund ist«, mehr Lügen gestraft als beim Kochen mit Kräutern.

Kräuter enthalten eine Reihe von medizinisch hochwirksamen Inhaltsstoffen. Sie machen ein Gericht nicht nur zu einem kulinarischen Genuss, sondern auch zu einer wohlschmeckenden Medizin.

Die Kunst, mit Kräutern zu kochen und zu würzen, ist auch für Anfänger leicht erlernbar, wenn man nur bereit ist, sich ein wenig mit den Besonderheiten und Eigenarten der einzelnen Kräutersorten zu beschäftigen. So lauert beispielsweise eine oft übersehene »Gefahr« beim Kochen mit Kräutern in deren verführerischen Düften, die selbst Profiköche vorübergehend das rechte Maß beim Würzen vergessen lassen. Gerade beim Kochen mit Kräutern gilt jedoch die Regel, dass »weniger oft mehr ist«. In der Beschränkung zeigt sich hier der Meister der Küche, denn einzelne Kräuter, die sinn- und maßvoll gemischt werden, können ihr eigenes, unverwechselbares Aroma entfalten, wohingegen ein Zuviel des Guten den köstlichen Eigengeschmack der Kräuter zu einem aufdringlichen und undefinierbaren Geschmacksallerlei verkommen lassen kann.

Ein guter Koch weiß, dass die verschiedenen Kräuter unter unterschiedlichen Bedingungen ihren ganz eigenen Charakter entfalten. Es gilt also, ein Gefühl dafür zu entwickeln, welches Kraut geschmacklich zu welchem Gericht passt, welche Kräuterkombinationen möglich sind und welche Kräuter unter keinen Umständen zusammenpassen – ausgehend von dem Grundsatz, dass Kräuter immer so eingesetzt werden sollten, dass sie die geschmackliche Eigenart eines Gerichts nicht überdecken, sondern vielmehr harmonisch ergänzen und abrunden.

Kochen mit Kräutern ist von regionalen Traditionen, aber auch von »modischen« Zeitströmungen geprägt, die sich im Laufe der Jahre immer wieder ändern.

Unsere von einem warmen und »kräuterfreundlichen« Klima verwöhnten südeuropäischen Nachbarn waren, was die raffinierte Verwendung von Würzkräutern angeht, von jeher experimentierfreudiger als die etwas steiferen Nord- und Mitteleuropäer. Trotzdem gab und gibt es auch in unseren Regionen phantastisch schmeckende, landestypische Kräutergerichte. Man denke hier beispielsweise nur an Goethes Lieblingsspeise, die berühmte Frankfurter »Grüne Sauce«. Dabei sollte man bedenken, dass auch der Geschmack beim Würzen von Speisen regionalen Traditionen und modischen Strömungen unterliegt. Beispielsweise finden Sie heute in allen Kochbüchern den Hinweis, dass Geschmack und Inhaltsstoffe nahezu sämtlicher frischer Kräuter sehr leiden, wenn sie stundenlang mitgekocht werden, in älteren Kochbüchern steht dagegen oft das Gegenteil. Zudem werden in diesen Kochbüchern gerade die für damalige Zeiten eher »exotischen« Kräuter kaum in den Rezepten erwähnt und verarbeitet.

Bei aller zurzeit vorherrschenden Begeisterung für die südliche Küche sollte man die ungewöhnlichen Rezepte mit einheimischen Kräutersorten, die sich in unseren Regionen entwickelt haben, nicht gering schätzen und ruhig einmal ausprobieren. Auch diese heute fast »altmodisch« erscheinenden Rezepte haben, neben Kräuterrezepten aus der internationalen Küche, ihren Platz in diesem Buch gefunden. Darüber hinaus will es Ihnen sowohl das botanische als auch das kulinarische Wissen über die unterschiedlichen Kräutersorten vermitteln, das Sie benötigen, um ein guter Kräuterkoch zu werden. Es wird Ihnen helfen, das richtige Fingerspitzengefühl beim Würzen und Kochen mit Kräutern zu entwickeln!

Geschichte der Kräuter

Es gibt nur wenige von Menschen kultivierte Pflanzen, deren Geschichte sich so weit in die Vergangenheit zurückverfolgen lässt wie die unserer Küchen- und Heilkräuter. Aus nahezu allen Hochkulturen der Erde sind Aufzeichnungen überliefert, die die jahrtausendealte Tradition der Kräuter in den Küchen belegen.

Seit weit über 4000 Jahren wird das Wissen über die Kräuter weitergegeben.

Die Antike

Bereits aus dem 3. Jahrtausend v. Chr. stammen die in Tontafeln geritzten babylonischen Schriften, die über die Würzkraft von Thymian, Lorbeer und Kümmel berichten. Auch die Chinesen besaßen bereits um 2700 v. Chr. ein Kräuter- und Pflanzenbuch, in dem Nutzen und Verwendung von 365 verschiedenen Pflanzen in Küche und Naturheilkunde ausführlich beschrieben sind.

Küchenkräuter wurden von jeher als Räucherwerk in Tempeln oder Kirchen verbrannt. Mit Hilfe von Räucherkohle können Sie den Duft Ihrer Kräuter in der ganzen Wohnung verbreiten.

Im antiken Griechenland war fast jedem Gott ein Kraut gewidmet. Aphrodite, die Schaumgeborene, soll der Überlieferung nach mit ihrem Fuß ein Majorankräutlein berührt und ihm so ihren lieblichen Duft verliehen haben. Wohl nicht zuletzt aus diesem Grund war Majoran ein fester Bestandteil in jedem ernst zu nehmenden griechischen Liebestrank. Der Venus, dem römischen Pendant zur griechischen Liebesgöttin, war ebenfalls ein Kraut zugeordnet. Ihr opferte man Thymian, der als potenzfördernd galt und somit ebenfalls in keinem Liebestrank fehlen durfte. Kerbel galt als Mittel der Wahl bei nachlassender Manneskraft: »Er ermuntert«, so versicherte zumindest der römische Gelehrte Plinius, »selbst müde Greise zum Beischlaf.«

Die antike Welt bestand jedoch nicht nur aus Mythen, in denen das Wissen und der Aberglaube um die Kraft der Kräuter der Nachwelt überliefert wurden, sondern sie war auch die Wiege der empirischen Wissenschaften, die durch Experimente, Beobachtungen und Logik ihre Vorstellungen und

Annahmen zu beweisen versuchen. Der berühmte griechische Arzt und Philosoph Hippokrates (460–377 v. Chr.) war wohl der erste Gelehrte, der die Heilkraft der Würzkräuter systematisch zu erforschen begann und seine Beobachtungen auch schriftlich festhielt. Seine Aufzeichnungen haben im gesamten Abendland fast 2000 Jahre lang das Fundament einer Naturmedizin gebildet, aus der sich schließlich unsere moderne Naturheilkunde entwickelte.

In diesem Buch sind auch die Heilwirkungen der einzelnen Kräuter angeführt. Frisch gepflückte Kräuter sind ungleich wirksamer als getrocknete.

Das Mittelalter

Der Siegeszug der Kräuter nahm im Mittelalter in den Klostergärten der Benediktiner seinen Anfang. Der Orden, der von Benedikt von Nursia im 6. Jahrhundert n. Chr. in Italien gegründet worden war und sich rasch in ganz Europa ausbreitete, hatte die Kultivierung des Gartenbaus zu einer seiner Ordensregeln gemacht. »Ora et labora« – »Bete und arbeite« – war einer der Leitsätze der Benediktiner, wobei sich die Arbeit im Wesentlichen auf die Land- und Gartenarbeit bezog. Ihr für damalige Verhältnisse äußerst exotisches Pflanzenrepertoire wurde in ihren Gärten auch für den kalten Norden erprobt und ständig erweitert. Aus den Klostergärten gelangten die Kräuter schließlich in die Gärten der

Auch heute noch werden Kräuter in Klostergärten so kultiviert wie vor vielen Hundert Jahren.

Landadeligen und Bauern, und noch heute weist die Form des klassischen Bauerngartens auf die erste Station der Kräuter auf ihrer Reise nach Nordeuropa hin – auf die benediktinischen Klostergärten.

Kräuter im Volks- und Aberglauben

Kräuter sind im Volksglauben des Mittelalters sowohl mit der Vorstellung von »Schutz vor bösen Mächten« als auch mit den »Machenschaften des Teufels« verbunden.

Bereits im späten Mittelalter wurden Kräuter mehr und mehr zu einem Teil der abergläubischen Vorstellungen des einfachen Volks, wobei die Grenzen zur schwarzen Magie im Laufe der Zeit immer fließender wurden. Eine mögliche Erklärung für diese Entwicklung mag sein, dass die Heilung von schweren Krankheiten mit Kräutern, die für das ungebildete Volk völlig unverständlich war, in das damalige Weltbild eingeordnet werden musste. Die einzige »Erklärung«, die für derartige Heilungen infrage kommen konnte, war diesem Weltbild gemäß entweder ein »Wunder« oder ein »Werk des Teufels«. So sind die Kräuter im Mittelalter paradoxerweise sowohl mit der Vorstellung des »Schutzes vor dem Bösen« als auch mit den undurchschaubaren Machenschaften von Hexen und Dämonen verbunden. So galt Dost beispielsweise als ein gutes Mittel, um den Leibhaftigen selbst abzuwehren, und ein in der Mittsommernacht geflochtener Kranz aus Beifuß half ein ganzes Jahr lang gegen

Der Volksglaube brachte häufig Kräuter und alte Frauen in Verbindung: Der Grad zwischen Heilkräften und angeblichen Hexereien war sehr schmal.

Hexen und Dämonen. Basilikum sollte, stets eng bei sich getragen, vor Skorpionbissen schützen und den Träger obendrein schön und begehrenswert machen. Diese auf den ersten Blick etwas naive Vorstellung vom schön machenden Basilikum ist allerdings nicht so abwegig, wie es aufgeklärten Menschen erscheinen mag, denn schon Hildegard von Bingen beobachtete, dass einige Kräuter gegen »Melancoly« helfen, darunter auch Basilikum. Und wer wirkt nicht wirklich schöner, wenn er eine fröhliche Ausstrahlung hat und optimistisch in die Zukunft blickt?

Diese Vermischung von tatsächlicher Wirkung und abergläubischen Vorstellungen ist typisch für die Geisteshaltung des Mittelalters. So erklärt sich auch der im Mittelalter fließende und oft willkürlich festgelegte Übergang von der kräuterkundigen Frau zur Hexe, eine tragische Fehleinschätzung, die zu einem Machtinstrument der Kirche wurde und anfangs der Neuzeit in die Hexenverfolgung mündete.

Schon Goethe wusste, dass mit frischen oder getrockneten Kräutern gewürzte Speisen den Appetit anregen und dem Magen bei der Arbeit helfen.

Die Aufklärung

Der mittelalterliche Geruch des Magisch-Teuflischen haftete den Kräutern bis in die Renaissance an, die die Kräuter mit ihrem rationalistisch-wissenschaftlichen Blick von den Spinnweben des mittelalterlichen Aberglaubens befreite. So verfassten Hieronymus Bock, Otto Brunfels und Leonhard Fuchs illustrierte Pflanzenbeschreibungen, die durch die Erfindung des Buchdruckes zu »Bestsellern« ihrer Zeit wurden. In jedem gutbürgerlichen Haushalt stand nun neben der Gutenberg-Bibel auch ein »Kreutterbuch«, und hinter jedem ordentlichen Haus wurde ein Garten mit Arznei- und Küchenkräutern angelegt.

Und last not least – die bewegte Geschichte der Kräuter weist im Gegensatz zu der ihrer Verwandten, der Gewürze, einen sehr liebenswerten Zug auf: Während jahrhundertelang erbitterte Kriege um Monopole für Pfeffer, Salz und Muskat ausgefochten wurden, ist in keiner Chronik eine Schlacht um Salbei, Petersilie oder Borretsch verzeichnet.

Ein eigener kleiner Kräutergarten ist relativ pflegeleicht und lässt sich in wenigen Wochen anlegen.

Der eigene Kräutergarten

Der Traum vom eigenen Kräutergarten lässt sich auch für Gartenmuffel mit relativ geringem Arbeitsaufwand verwirklichen. Ein eigener Balkon oder eine Außenfensterbank in wettergeschützter Süd- oder Südwestlage bietet ideale Voraussetzungen, um auch sonnenhungrige Kräuter erfolgreich zu ziehen. In einer solchen warmen, lichten Umgebung fühlen sich im Prinzip alle in diesem Buch beschriebenen Kräuter wohl, besonders gut gedeihen hier jedoch Basilikum, Bohnenkraut, Dill, Oregano, Majoran, Rosmarin, Salbei und Thymian. Mit Halbschatten geben sich Borretsch, Estragon, Gartenkresse, Kapuzinerkresse, Liebstöckel, Petersilie und Rauke zufrieden, und Kerbel, Minze und Schnittlauch sind in punkto Sonneneinstrahlung besonders anspruchslos – sie gedeihen auch im Schatten gut und garantieren trotzdem reiche Ernte. Auch eine Lage, die nur halbschattige Bedingungen für Ihre Pflanzen bietet, reicht also noch aus, um einen sortenreichen Kräutergarten anzulegen.

Kräuter kaufen, pflanzen, umtopfen

Auch eine Lage, die nur halbschattige Bedingungen für Ihre Pflanzen bietet, reicht noch aus, um einen ertrag- und sortenreichen Kräutergarten anzulegen.

Wichtigste Voraussetzung für einen dauerhaft wachsenden und blühenden Kräutergarten ist der Kauf der richtigen Jungpflanzen. Erliegen Sie deshalb nicht der Versuchung, die Kräuter im Supermarkt um die Ecke zu erstehen, denn diese für den schnellen Verbrauch bestimmten Pflanzen werden mit viel Düngemitteln in kürzester Zeit unter Treibhausbedingungen hochgezogen und gehen bei normaler Pflege nach wenigen Wochen ein. Zudem besitzen sie nur einen Bruchteil des Aromas, das Kräuter im freien Anbau entwickeln. Kaufen Sie Jungpflanzen also am besten im Gartenfachhandel, und nutzen Sie die professionelle Beratung, die Ihnen dort angeboten wird.

Das Umtopfen Ihrer Jungpflanzen in ausreichend große Tontöpfe sollten Sie nach dem Kauf der Pflanzen nicht auf die lange Bank schieben, da die Plastiktöpfe, in denen die Pflanzen gezogen werden, rasch zu klein werden, wenn sie es nicht schon sind, und zu übermäßigem Wurzelwachstum anregen. Reißen Sie allzu starkes Wurzelwerk auf, wenn Sie die Pflanzen umtopfen, um ein »Im-Kreis-Wachsen« der Wurzeln zu unterbinden, und verwenden Sie als Pflanzerde nur nährstoffreiche, torffreie Blumenerde, der in der Regel schon ausreichend Düngemittel zugesetzt sind.

Fast alle Kräuterarten mögen keine »nassen Füße«. Darunter versteht man, dass die Wurzeln der Pflanze im Gießwasser stehen, wenn dieses nicht ablaufen kann.

Grundsätzlich eignen sich als Pflanzgefäße alle Balkonkästen, Töpfe und Kübel aus Ton, Terrakotta und Holz. Bei der Wahl des richtigen Topfs gilt: Je größer und tiefer das Gefäß, umso mehr Blätter bildet die Pflanze aus. Wichtig ist auch, dass die Gefäße ein Abzugsloch haben, damit keine Staunässe entstehen kann. Decken Sie die Abzugslöcher der Tontöpfe mit einer Tonscherbe ab, und geben Sie über diese eine dünne Schicht aus kleinen Steinen, Sand oder Blähton, durch die das Gießwasser schneller abfließen kann.

Der Pflanzenballen sollte so in den dafür vorgesehenen Blumentopf eingesetzt werden, dass er zwei Finger breit unter dem Topfrand endet. Füllen Sie den Topf anschließend mit Erde auf, und drücken Sie die Erde gut um den Wurzelballen fest. Wie alle frisch umgetopften Pflanzen müssen Sie Ihre Kräuter dann einmal ausgiebig wässern.

Jedes Kraut hat seine individuellen Bedürfnisse. Wenn Sie diese beachten, werden Sie viel Freude haben.

Bevor Sie Ihre Kräuter »wild« durcheinander in einen Balkonkasten pflanzen, ist es ratsam, sich über die Vorlieben und Abneigungen der einzelnen Kräuter zu informieren.

Die meisten Kräuter werden erst Mitte Mai entweder einzeln oder gemischt ausgepflanzt und können dann bis zum ersten Frost auf dem Balkon oder der Fensterbank stehen bleiben. Doch bei Pflanzen ist es wie bei uns Menschen: Manche können sich beim besten Willen nicht riechen, während sich andere ausgesprochen gerne mögen. So verträgt sich Petersilie nicht mit Minze, und Fenchel gedeiht nicht gern in der Nähe von Dill oder Koriander. Thymian, Majoran und Basilikum sind dagegen ausgesprochen tolerant, was ihre Nachbarschaft betrifft. Mehr über Sympathien und Aversionen weiß der Verkäufer im Gartenfachhandel.

Alle Würzkräuter lassen sich übrigens sehr gut mit bunten Blütenpflanzen mischen. Sie schützen damit nicht nur Ihre Blumen auf ökologische Art vor Schädlingen und Ungeziefer, sondern Ihr Kräutergarten wird so auch schnell zu einem kleinen Naturparadies für Schmetterlinge, Hummeln und Bienen. Und wenn man einmal rechnet, dass ungefähr 33 Millionen Wohnungen in Deutschland einen Balkon haben und auf jedem nur ein Quadratmeter bepflanzt wird, ergibt das immerhin 33 Quadratkilometer Kleinstlebensraum für Tiere …

Wenn Sie genug Platz haben, ist es hübsch und zugleich sinnvoll, die Kräuter mit Blütenpflanzen zu vermischen, da sie sich gegenseitig vor Schädlingen schützen und nützliche Tiere anziehen.

Kräuter pflegen

Sind die Kräuter einmal gepflanzt, beginnt ihre relativ einfache Pflege, die ausführlich bei den einzelnen Kräuterporträts beschrieben ist. Generell gilt: Damit die Pflanzen schön buschig werden, sollten Sie regelmäßig alle langen Jungtriebe herausschneiden.

Fast alle Kräuter sind aufgrund ihres hohen Gehalts an ätherischen Ölen immun gegen Schädlinge wie Blattläuse, Raupen oder Schnecken. Sollten dennoch einmal erste Anzeichen eines Befalls auftreten, hilft eine ebenso billige wie umweltfreundliche Methode: Besprühen Sie die Pflanzen einfach mit verdünnter Seifenlauge.

Frische Kräuter enthalten viel Vitamin C und ätherische Öle. Waschen Sie daher die Kräuter erst kurz vor der Verarbeitung. Bei besonders feinen Kräutern verzichten Feinschmecker übrigens ganz auf die kalte Dusche, weil bereits im Waschwasser ein Teil der Aromastoffe verloren geht.

Kräuter ernten und konservieren

Je frischer ein Kraut nach der Ernte verarbeitet wird, desto intensiver ist in der Regel sein Aroma. Nur wenige Kräuter, beispielsweise Majoran, Oregano oder Rosmarin, entwickeln nach dem Trocknen ein noch stärkeres Aroma als im erntefrischen Zustand. Alle anderen Kräuter sollte man nach der Ernte entweder bis zur Weiterverarbeitung ins Wasser stellen oder in einem Frischhaltebeutel bzw. in verschlossenen Plastikgefäßen in den Kühlschrank legen, wo sie zwei bis drei Tage ohne große Geschmacksverluste frisch bleiben. Für die langfristige Vorratshaltung eignen sich nur die Methoden des Einfrierens und des Trocknens.

»Man thut gut daran, sich einen Vorrat von jedem Küchenkraut für den Winter zu sammeln«, riet schon im vorigen Jahrhundert das Universallexikon der Kochkunst. »Man sammelt die Kräuter an einem trockenen, sonnigen Tag, kurz bevor sie zur Blüthe kommen, säubert sie gut, schneidet die Wurzeln ab, theilt sie in kleine Bündel und dörrt sie auf starken Papierbogen in einer gelind warmen Ofenröhre, worauf man sie an einem trockenen Orte aufhängt oder die Blätter in einem Mörser stampft, durchsiebt und das Pulver in gut verkorkten Flaschen aufbewahrt.«

Genaue Hinweise, welche Kräutersorte für welche Aufbewahrungsart geeignet ist, finden Sie in den einzelnen Kräuterporträts ab Seite 18.

Kräuter trocknen

Bevor Sie ein gekauftes Kräutersträußchen ins Wasser stellen, entfernen Sie das Gummiband und schneiden die unteren Stielenden etwas ab – so bleiben die Kräuter länger frisch.

Zum Trocknen sind nur Kräuter mit kräftigem Aroma wie Rosmarin, Bohnenkraut, Oregano, Salbei, Thymian oder Minze geeignet. Dafür werden die Stängel zusammengebunden und kopfüber an einem luftigen Ort aufgehängt. Achten Sie aber darauf, dass die Kräuter dabei nicht dem prallen Sonnenlicht ausgesetzt werden. Sie trocknen dann zwar schneller, verlieren auf diese Weise aber mehr von ihren Aroma- und Inhaltsstoffen. Nach etwa zwei Wochen werden die getrockneten Blätter von den Stängeln abgerebelt und in lichtundurchlässigen Gefäßen aufbewahrt. Wichtig ist, dass Sie die Gläser beschriften und mit Datum versehen, da auch getrocknete Kräuter nur begrenzt haltbar sind.

Nicht bewährt hat sich das Trocknen im Backofen, denn selbst bei niedrigster Temperatur hat dies große Aromaeinbußen zur Folge. Dagegen sind Mikrowellenherde bestens zum Trocknen geeignet. Dafür werden die gewaschenen Kräuter auf Küchenpapier ausgebreitet und auf höchster Stufe in wenigen Minuten in der Mikrowelle gedörrt.

Kräuter einfrieren

Für spezielle Gerichte können Sie entsprechende Kräutermischungen bereits vor dem Tiefgefrieren zusammenstellen. Vergessen Sie aber nicht, die Beutel entsprechend zu beschriften, um sich später lästiges Suchen zu ersparen.

Das Tiefgefrieren ist eine einfache und beliebte Methode, das erntefrische Aroma der Kräuter langfristig zu erhalten. Vor dem Einfrieren werden die Kräuter kurz überbraust und mit Küchenpapier sorgfältig trockengetupft. Dann werden die einzelnen Zweige und Blätter ausgebreitet auf ein Blech oder eine Pappe gelegt und vorgefroren. Anschließend füllt man die Kräuter in kleine Portionen in Gefrierdosen. Zum einfacheren Portionieren können Sie auch Zellophanblättchen zwischen die einzelnen Kräuterschichten legen, oder Sie füllen die gehackten Kräuter in Gefrierbeutel, drücken sie gut flach und geben sie ins Gefriergerät. Dies hat den Vorteil, dass Sie später immer so viel von den gefrorenen Kräutern abbrechen können, wie Sie gerade benötigen. Fein gehackte Kräuter, die mit etwas Wasser im Eiswürfelbereiter tiefgefroren werden, lassen sich besonders gut portionieren.

Konservieren mit Essig, Öl und Butter

Wenn Sie nicht nur den Geschmack, sondern auch den Duft über den Winter retten wollen, können Sie Ihre erntefrischen Kräuter auch in Essig, Öl oder Butter konservieren.

• Als Basis für einen Kräuteressig nehmen Sie milden Weißwein- oder Obstessig. Geben Sie einige Zweige Estragon, Thymian oder Zitronenmelisse in eine saubere Flasche, und übergießen Sie die Kräuter mit dem leicht angewärmten Essig. Anschließend verschließen Sie die Flasche fest und lassen den Essig an einem kühlen Ort mindestens zwei Wochen ziehen. Dann können Sie die Kräuter durch ein feines Sieb abseihen und den Essig in eine dekorative, dicht schließende Flasche umfüllen.

Geben Sie als Dekoration immer einige Zweige des jeweiligen Krauts mit in die Essig- oder Ölflasche. Achten Sie aber darauf, dass diese immer mit Flüssigkeit bedeckt sind.

• Nach dem gleichen Prinzip werden auch Kräuteröle hergestellt. Nehmen Sie als Basis am besten ein geschmacksneutrales Öl wie Sonnenblumen- oder Maiskeimöl.

• Alle Küchenkräuter können auch mit Butter verarbeitet werden: Sie kneten fein gehackte Kräuter, nach Geschmack gemischt, unter zimmerwarme Butter und würzen mit Salz und Zitronensaft. Dann formen Sie die Kräuterbutter mit Hilfe von Frischhaltefolie zu einer Rolle und frieren sie in der Folie ein. So ist die Butter bis zu drei Monaten haltbar.

Dekorative Köstlichkeiten: Öle und Essige mit Kräutersträußchen.

Bärlauch

Bärlauch ist ein leider nahezu in Vergessenheit geratenes, lauchähnliches Würzkraut, das allerdings nur während des Frühjahrs genutzt werden kann. Er galt lange Zeit als ein typisches »Armeleutegewürz« und wurde im Volksmund auch »Zigeunerlauch« oder »Hexenzwiebel« genannt.

Wegen seines intensiven, knoblauchartigen Geschmacks kann man Bärlauch oft schon von weitem riechen, wenn man im Frühling durch die Wälder streift.

Mit seinen kleinen weißen, sternförmigen Blütendolden und seinen leuchtend grünen, lanzettenförmigen Blättern wächst Bärlauch in großen, wunderschön anzusehenden Blütenteppichen.

Herkunft und Botanik

Die Heimat des Bärlauchs liegt in Europa und Nordasien, wo man ihn hauptsächlich wild wachsend auf feuchten, humusreichen Laubwaldböden findet. Der botanische Name des Bärlauchs ist *Allium ursinum;* er gehört zur Familie der Zwiebelgewächse und ist mehrjährig. Die Blütenstängel des Bärlauchs können bis zu 25 Zentimeter hoch werden und blühen zwischen Mai und Juni.

Bärlauch anbauen

Inzwischen gibt es auf Blumenzwiebeln spezialisierte Versandhandel, die in ihrem Sortiment auch Bärlauchzwiebeln führen, die in humusreichen Boden gesetzt werden.

Bärlauch ist ein typisches Waldkraut. Er wird nur selten in Gärten kultiviert, da es einfacher ist, ihn im Wald zu sammeln, als im heimischen Garten die »Waldbedingungen« zu schaffen, die er zum Wachsen braucht. Sollte Sie trotzdem der Ehrgeiz packen, Bärlauch selbst anzubauen, graben Sie zur Herbstzeit im Wald einige Zwiebeln aus. Am besten nehmen Sie gleich etwas von der humusreichen Walderde mit, um den Zwiebeln eine optimale Nahrungsgrundlage in Ihrem Garten zu bieten. Dann vergraben Sie die Zwiebeln an einer schattigen Stelle einige Zentimeter tief in der Erde, bedecken sie mit ausreichend Erde und versorgen sie mit genügend Feuchtigkeit.

Ernte und Aufbewahrung

Das charakteristische knoblauchartige Aroma des Bärlauchs entfaltet sich nur während der Zeit der Blüte im Frühjahr. Bärlauch im Wald zu finden ist kein großes Problem, da er stark riecht und in der Regel in ganzen Blütenteppichen unter Laubbäumen anzutreffen ist. Da die Blätter des Bärlauchs denen des giftigen Maiglöckchens und der Herbstzeitlose sehr ähnlich sind, testen Sie das Kraut unbedingt vor dem Verzehr, indem Sie die Blätter zwischen den Fingern zerreiben. Nur Bärlauchblätter haben den charakteristischen intensiven Zwiebelgeruch! Verwenden Sie Bärlauch außerdem stets erntefrisch, denn sein Aroma verfliegt sehr rasch. In einem Plastikbeutel können Sie ihn einen Tag im Kühlschrank aufbewahren, ohne dass sein feines Aroma allzu sehr leidet. Zur dauerhaften Konservierung ist Bärlauch dagegen nicht geeignet.

Bärlauch als Heilmittel

Wie alle Zwiebelgewächse ist Bärlauch ein natürliches Antibiotikum. In alten Kräuterbüchern wird er vor allem als Mittel bei Magen-Darm-Störungen gepriesen. Er wirkt antiseptisch, entzündungshemmend, wirkt vorbeugend gegen Arteriosklerose und senkt den Blutdruck. Bärlauch hat einen erheblich höheren Anteil an wirksamen Inhaltsstoffen als Knoblauch, da dieser durch Überzüchtung viel von seinen Wirkstoffen eingebüßt hat.

Bärlauch kann ähnlich wie Blattspinat auch als Gemüse zubereitet werden. Durch das Erhitzen wird das starke Aroma etwas zarter und milder. Ansonsten sollten Sie Bärlauchblätter stets erst im letzten Moment zerkleinern und zu den Speisen geben.

Rezepte mit Bärlauch

Die kleinen Zwiebeln werden wie Knoblauchzehen genutzt, schmecken jedoch etwas schärfer. Bärlauchblätter lassen sich äußerst vielseitig einsetzen. Sie können die Blätter beispielsweise zu einer Kräuterbutter verarbeiten (siehe Seite 17) und diese entweder auf gerösteten Weißbrotscheiben oder auf gedünstetem Fischfilet oder gebratenem Lammfleisch zergehen lassen. Auch Suppen, Saucen und Salate bekommen durch frische, klein geschnittene Bärlauchblätter eine pikante Knoblauchnote.

Gefülltes Perlhuhn mit Bärlauch

Für 4 Personen

1 Perlhuhn mit Innereien · 1 Zwiebel · Öl · 20 Bärlauchblätter · 3 Brötchen
100 ml Milch · 3 Eier · Salz · frisch gemahlener Pfeffer · Muskatnuss · 30 g Butter

Zubereitung

1 Die Innereien waschen, trockentupfen und in feine Würfel schneiden. Die Zwiebel abziehen, fein hacken und zusammen mit den Innereien in einer Pfanne in heißem Öl bei mittlerer Hitze anbraten.

2 Die Bärlauchblätter waschen und trockentupfen. Die Hälfte der Blätter in feine Streifen schneiden und zur Innereien-Zwiebel-Mischung geben.

3 Die Brötchen in Scheiben schneiden. Die Milch erhitzen. Die Brötchen damit übergießen und 10 Minuten quellen lassen. Die Eier und Innereien-Zwiebel-Mischung unter die Brötchenmasse mengen und alles nach Belieben mit Salz, Pfeffer und Muskatnuss würzen.

4 Das Perlhuhn waschen und trockentupfen. Die Haut von der Brust lösen und die restlichen Bärlauchblätter darunter schieben. Das Huhn innen und außen würzen und mit der Brötchenmasse füllen.

5 Das Perlhuhn in etwas Öl bei mittlerer Hitze rundum anbraten und im vorgeheizten Backofen bei 200 °C (Gas Stufe 3–4, Umluft 180 °C) in etwa 50 Minuten braten, dabei etwa alle 10 Minuten mit dem Bratenfett übergießen.

6 Das Geflügel mit der Butter bestreichen und zu mit Bärlauch abgeschmecktem Blattspinat servieren.

Statt Perlhuhn können Sie auch Brathähnchen oder Stubenküken mit dieser Kräuterfarce füllen. Beide sind eine Delikatesse.

Bärlauchflan mit Frühlingsgemüse

Für 4 Personen

100 g Bärlauch · 200 g Sahne · 2 Eier · Salz · gemahlener Pfeffer · Muskatnuss
Öl und Grieß für die Förmchen · 100 g Möhren · 100 g Zuckerschoten
50 g Morcheln · 80 g zerlassene Butter

Zubereitung

1 Den Bärlauch waschen und trockentupfen. Die Blätter von den Stängeln zupfen, kurz mit heißem Wasser überbrühen, kalt abschrecken, gut ausdrücken und fein hacken.

2 Sahne und Eier verquirlen. Die Bärlauchblätter unterrühren. Die Masse mit Salz, Pfeffer und Muskatnuss würzen.

3 4 kleine Auflaufförmchen mit Öl auspinseln, mit Grieß ausstreuen und die Bärlauchmasse darin verteilen. Die Förmchen in eine große flache Auflaufform geben und diese zur Hälfte mit heißem Wasser füllen. Die Flans im vorgeheizten Backofen bei 150 °C (Gas Stufe 1, Umluft 130 °C) etwa 30 Minuten pochieren (Nadelprobe machen!).

4 Das Gemüse waschen, putzen, in mundgerechte Stücke schneiden und separat in Salzwasser bissfest garen.

5 Das Gemüse abgießen, in einem Sieb gut abtropfen lassen, auf 4 Tellern verteilen und mit der zerlassenen Butter beträufeln.

6 Die Flans aus dem Wasserbad nehmen, kurz ruhen lassen, stürzen und auf dem Gemüse anrichten.

Nach Belieben können Sie noch geriebenen Hartkäse unter die Bärlauchflans mischen und diese auch zu frischen Blattsalaten reichen.

Rahmsuppe mit Bärlauch

Für 4 Personen

150 g frische Bärlauchblätter · 100 g Kartoffeln · 1 Zwiebel · 30 g Butter
0,8 l Gemüsebrühe oder Bouillon · Salz · frisch gemahlener Pfeffer · 200 g Sahne
1 EL Noilly Prat

Zubereitung

1 Den Bärlauch waschen und trockentupfen. Die Blätter von den Stängeln zupfen und grob schneiden. Die Stängel beiseite legen.

2 Die Kartoffeln schälen und waschen, die Zwiebel abziehen und beides fein würfeln. Bärlauchstängel, Kartoffel- und Zwiebelwürfel in der heißen Butter anschwitzen, mit der Gemüsebrühe auffüllen und etwa 15 Minuten leise kochen.

3 Die Suppe mit Salz und Pfeffer würzen und pürieren. Sahne und Bärlauchblätter zufügen, die Suppe nochmals aufkochen und mit Noilly Prat verfeinern.

Sie können zur Rahmsuppe noch gebratene Forellenstreifen servieren. Dafür 2 Forellenfilets in 1 Zentimeter breite Streifen schneiden, mit Salz und Pfeffer würzen und in heißer Butter goldbraun braten.

Bärlauchknödel auf Tomatensugo

Für 4 Personen

250 g mehlig kochende Kartoffeln · Salz · 150 g Bärlauchblätter · 150 g Mehl 50 g Weizengrieß · 2 Eigelbe · frisch gemahlener Pfeffer · frisch geriebene Muskatnuss · 4 Fleischtomaten · 1 Zwiebel · 20 g Butter · 200 g passierte Tomaten (aus der Dose) · etwas Zucker · 50 g gehobelter Bergkäse

Eine schmackhafte Variante sind Bärlauchknödel, die mit brauner Butter und frisch geriebenem Parmesan serviert werden. Reichen Sie dazu einen bunten Salat.

Zubereitung

1 Die Kartoffeln waschen und mit der Schale in Salzwasser in etwa 20 Minuten weich garen. Die Kartoffeln abgießen, pellen und durch die Presse drücken.

2 Den Bärlauch waschen und trockentupfen. Die Blätter von den Stängeln zupfen, kurz mit heißem Wasser überbrühen und kalt abschrecken. Die Bärlauchblätter gut ausdrücken und fein hacken.

3 Die Kartoffeln mit den Bärlauchblättern, dem Mehl, dem Grieß und den Eigelben gründlich vermengen. Die Masse mit Salz, Pfeffer und etwas Muskatnuss würzen und etwa 15 Minuten ruhen lassen.

4 Von den Tomaten den Stielansatz entfernen. Die Tomaten mit kochendem Wasser überbrühen, kalt abschrecken und abziehen. Das Fruchtfleisch vierteln, entkernen und in kleine Würfel schneiden.

5 Die Zwiebel abziehen, würfeln und in der heißen Butter anschwitzen, bis sie glasig wird.

6 Die passierten Tomaten zu der Zwiebel geben und die Sauce bei geringer Hitze etwa 10 Minuten leise kochen. Die Sauce mit Salz, Pfeffer und etwas Zucker abschmecken und die Tomatenwürfel untermischen.

7 Aus der Kartoffelmasse mit angefeuchteten Händen kleine Knödel formen und die Knödel in siedendem Salzwasser bei schwacher Hitze etwa 15 Minuten offen ziehen lassen.

8 Die Bärlauchknödel mit einer Schaumkelle vorsichtig aus dem Wasser nehmen und anschließend gründlich abtropfen lassen.

9 Den Tomatensugo nochmals kurz erhitzen, die Knödel auf vorgewärmten Tellern anrichten, mit der Sauce übergießen und den Käse darüber streuen.

Bärlauchquark

Für 4 Personen

100 g frische Bärlauchblätter · 100 g Butter · 400 g Magerquark · Salz gemahlener Kümmel

Zubereitung

1 Den Bärlauch waschen und gründlich trockentupfen. Die Blätter von den Stängeln zupfen und ganz fein schneiden.

2 Die Butter mit dem Schneebesen oder Mixer schaumig rühren. Den Quark und zwei Drittel der gehackten Bärlauchblätter gründlich mit der Butter vermengen.

3 Den Bärlauchquark nach Belieben mit Salz und gemahlenem Kümmel abschmecken und mit den restlichen Bärlauchblättern garniert servieren.

Bärlauchquark ist eine außergewöhnlich vielseitige Beilage und schmeckt u. a. sehr gut zu Kartoffeln und Fleisch. Außerdem eignet er sich gut als Brotaufstrich oder zum Füllen von Schinken- und Käseröllchen. Probieren Sie auch einmal Bärlauchquark auf Radieschensalat.

Durch die Bärlauchblätter und den Kümmel ist dieser feine Quark gleichzeitig auch ein wirksames Mittel bei Darmstörungen.

Gut gekühlt können Sie frischen Bärlauchquark drei Tage genießen.

Basilikum

Das Wort »Basilikum« kommt aus dem Griechischen und bedeutet übersetzt »königlich«, was der Pflanze auch den eingedeutschten volkstümlichen Namen »Königskraut« eingebracht hat. Basilikum war schon in der Antike ein beliebtes Heil- und Würzmittel und zählte im Mittelalter zu den Kräutern, denen man die Macht zusprach, die »Kraft des Bösen« zu brechen. Eine bedeutende Rolle spielt das Basilikum noch heute in der indischen Naturmedizin, die es bei einer Vielzahl von Erkrankungen als Heilmittel einsetzt. Als Küchengewürz ist uns Basilikum hauptsächlich aus der italienischen Küche bekannt. Kein anderes Volk der Welt vermag seine Nationalfarben – Weiß, Grün und Rot – so einfach und schmackhaft in Form von Tomaten, Mozzarella und Basilikum zu servieren wie die Italiener!

Herkunft und Botanik

Die ursprüngliche Heimat des Basilikums liegt im vorderasiatischen Raum. Über Ägypten gelangte es in die Mittelmeerländer, von wo es die Benediktinermönche nach Nordeuropa brachten. Die südländische Herkunft der Pflanze macht Basilikum zu einem etwas schwierigen Zögling, da es äußerst sensibel auf Frost reagiert. Sein botanischer Name ist *Ocimum basilicum;* es gehört zu der Familie der Lippenblütler und ist eine einjährige Pflanze. Basilikum blüht mit kleinen weißen Blütenständen von Juni bis September.

Die Blüten des Basilikums werden hauptsächlich für medizinische Zwecke eingesetzt, alle anderen Pflanzenteile finden in der Küche Verwendung.

Sorten

Basilikum gibt es in verschiedenen Sorten. Besonders beliebt ist der relativ pflegeleichte, niederwüchsige *Balkonstar,* während der *Dark Opal* mit seinen dunkelroten, aromatischen Blättern eher selten kultiviert wird. Basilikum wird als Treibhaus- und Freilandware angeboten. Ersteres hat zartere, hellere Blätter und ist »saftiger« als das robustere und etwas herber schmeckende Freilandbasilikum.

Basilikum anbauen

Basilikum kann ab Mitte Mai im Freien ausgesät werden. In Kästen auf der Innenfensterbank können Sie damit schon Anfang April beginnen. Säen Sie das Basilikum in einem Reihenabstand von ca. 20 Zentimetern aus, und lichten Sie die Keimlinge, sobald sie zu dicht aufeinander stehen. Im Topf gezogenes Basilikum darf erst nach den Eisheiligen an einen warmen, sonnigen Platz ins Freie gestellt werden.

Das stark duftende Basilikum ist ein äußerst attraktiver Anziehungspunkt für Bienen und Schmetterlinge. Deswegen ist es günstig, Basilikum in der Nähe von Pflanzen zu ziehen, die bestäubt werden müssen.

Ernte und Aufbewahrung

Die Basilikumstängel werden einen Zentimeter über den unteren Seitentrieben abgeschnitten. Für ein optimales Blätterwachstum müssen die Blütenknospen abgebrochen werden, sobald sie auszutreiben beginnen. Frisch geerntete Basilikumzweige bleiben zwei bis drei Tage frisch, wenn man sie mit Wasser besprüht und in einem Frischhaltebeutel im Kühlschrank aufbewahrt. Zum Einfrieren legt man die Basilikumstängel am besten einzeln zwischen zwei dick mit Öl bestrichene Alufolien. Auf diese Weise behalten die Blätter ihre Farbe und bleiben länger aromatisch.

Basilikum als Heilmittel

Wie viele andere Kräuter hat Basilikum eine antiseptische Wirkung, ist entzündungshemmend und wird bei Magen-Darm-Verstimmungen eingesetzt. Bei Entzündungen der Schleimhäute in Mund und Rachen empfiehlt es sich, einige frische Basilikumblätter zu kauen.

Rezepte mit Basilikum

Basilikum ist ein typisches Würzkraut der mediterranen Küche und passt besonders gut zu fast allen südlichen Gemüsesorten wie etwa Tomaten, Paprikaschoten, Auberginen und Zucchini. Fischgerichten verleihen frische Basilikumblätter mit ihrem pikanten Aroma einen ganz besonderen Pfiff, und Kräutersaucen mit Basilikum sind eine Delikatesse, die in immer wieder anderen Variationen auch von Ihnen neu »erfunden« werden können.

Basilikum-Crostini

Für 4 Personen

6 reife, aromatische Tomaten · 1 Bund Basilikum · 1–2 EL Olivenöl · 1–2 Knoblauchzehen · Salz · frisch gemahlener Pfeffer · 1 kleines Stangenweißbrot

Zubereitung

Die Hälfte der Tomaten können Sie zur Abwechslung auch durch je 1 kleine rote und gelbe Paprikaschote ersetzen, die Sie ebenfalls klein würfeln.

1 Die Tomaten mit kochendem Wasser überbrühen, kalt abschrecken und abziehen. Die Früchte halbieren, entkernen und das Fruchtfleisch in kleine Würfel schneiden.

2 Das Basilikum waschen und trockentupfen. Die Blätter von den Stängeln zupfen und fein hacken.

3 Die Tomatenwürfelchen kurz in heißem Öl schwenken. Den Knoblauch abziehen und durch die Knoblauchpresse dazudrücken. Die Tomaten mit Salz und Pfeffer würzen und das Basilikum untermischen.

4 Das Stangenweißbrot schräg in Scheiben schneiden und rösten.

5 Die Tomaten-Basilikum-Würfelchen auf den Weißbrotscheiben verteilen und sofort servieren.

Farfalle mit Kirschtomaten und Basilikum

Für 4 Personen

500 g reife, aromatische Kirschtomaten · 1 kleines Bund Basilikum · 1 Knoblauchzehe · 3 EL Olivenöl · Salz · frisch gemahlener Pfeffer · 400 g Farfalle (Schmetterlingsnudeln) · 4 EL frisch geriebener Parmesan

Zubereitung

Zusätzlich können Sie noch Auberginen-, gelbe Paprikaschoten- oder Zucchiniwürfelchen mit den halbierten Kirschtomaten dünsten.

1 Die Kirschtomaten waschen, trockentupfen und halbieren. Das Basilikum waschen, trockentupfen und die Blätter zerkleinern.

2 Die Knoblauchzehe abziehen, fein hacken und im heißen Öl andünsten. Die Tomaten und einen Teil des Basilikums zufügen und etwa 5 Minuten mitdünsten. Mit Salz und Pfeffer würzen und das restliche Basilikum darüber streuen.

3 Die Farfalle in reichlich Salzwasser bissfest garen und abgießen. Die Nudeln mit den Basilikum-Tomaten vermischen und mit Parmesan bestreut servieren.

Überbackenes Gemüse

Für 4 Personen

4 große festfleischige Tomaten · 4 kleine Zucchini · Olivenöl · 150 g geraspelter Mozzarella · Salz · frisch gemahlener Pfeffer

Zubereitung

1 Tomaten und Zucchini waschen, putzen und in nicht zu dünne Scheiben schneiden. Das Gemüse auf einem mit Backpapier belegten Blech verteilen.

2 Das Gemüse mit etwas Öl beträufeln und mit dem Käse bestreuen. Im vorgeheizten Backofen bei 180 °C (Gas Stufe 2–3, Umluft 160 °C) goldgelb überbacken.

3 Das Basilikum waschen, trockentupfen und die Blätter abzupfen. Das Gemüse leicht salzen, mit Pfeffer und Basilikumblättern bestreuen und sofort servieren.

Sie können das Gemüse auch in eine mit Öl ausgepinselte feuerfeste Form schichten, mit dem Käse bestreuen und wie beschrieben überbacken. Dafür die Zucchinischeiben vorher in Salzwasser blanchieren.

Tomatensuppe mit Basilikum

Für 4 Personen

1 kg reife, aromatische Tomaten · 2 Schalotten · 1 Knoblauchzehe · 2 EL Olivenöl 1 EL Tomatenmark · Salz · frisch gemahlener Pfeffer · edelsüßes Paprikapulver Zucker · 300 ml Gemüsebrühe · 100 ml trockener Rotwein · 1 Bund Basilikum 150 g Crème fraîche

Zubereitung

1 Die Tomaten waschen und grob zerkleinern. Schalotten und Knoblauchzehe abziehen. Die Schalotten im heißen Öl dünsten und den Knoblauch dazupressen.

2 Die Tomaten und das Tomatenmark zufügen, mit Salz, Pfeffer, Paprika und Zucker würzen und kurz dünsten. Mit der Brühe und dem Wein auffüllen und etwa 20 Minuten leise kochen.

3 Das Basilikum waschen und trockentupfen. Die Blätter von den Stängeln zupfen und zerkleinern.

4 Die Suppe durch ein Sieb streichen. Einen Teil des Basilikums zufügen, die Suppe noch einmal kurz erhitzen und die Crème fraîche unterrühren. Die Tomatensuppe abschmecken und zum Schluss mit dem restlichen Basilikum bestreuen.

Schollenfilets mit Zitronenbutter und Basilikum

Für 4 Personen

8 Schollenfilets à 70 g · 1 Bund Basilikum · 2 EL Butter · 2 EL Olivenöl · 2 EL Zitronensaft · Salz · frisch gemahlener Pfeffer · edelsüßes Paprikapulver

Anstelle von Zitronen können Sie auch frisch gepressten Limonensaft verwenden und zusätzlich einige unbehandelte Limonenzesten oder abgeriebene Limonenschale unter die Butter rühren.

Zubereitung

1 Die Schollenfilets waschen und mit Küchenkrepp trockentupfen. Das Basilikum waschen, trockentupfen und die Blätter von den Stängeln zupfen.

2 Die Butter zerlassen. Öl und Zitronensaft zufügen und alles bei schwacher Hitze 5 Minuten erwärmen.

3 Auf dem Boden einer flachen feuerfesten Form einen Teil der Basilikumblätter verteilen. Die Filets darauf legen und mit Salz, Pfeffer und Paprika würzen.

4 Die Fischfilets mit der Zitronenbutter beträufeln und auf der oberen Schiene des Backofens bei starker Oberhitze etwa 4 Minuten braten. Die Schollen mit der Zitronenbutter und dem restlichen Basilikum anrichten.

Pesto

Für 4 Personen

3 EL gehackte Walnüsse · 1 EL Pinienkerne · 3–4 Knoblauchzehen · 1 TL Salz
3–4 Bund Basilikum · 3 EL fein gehackte Petersilie · 1/8 l Olivenöl · 100 g geriebener Parmesan · 50 g geriebener Pecorino · frisch gemahlener Pfeffer

Die Italiener, von denen dieses köstliche, inzwischen auch bei uns sehr beliebte Rezept stammt, rühren noch 1 bis 2 Esslöffel des heißen Wassers, in dem die Spaghetti gekocht wurden, unter das Pesto, um die Sauce etwas dünnflüssiger zu machen.

Zubereitung

1 Walnüsse und Pinienkerne in einer feuerfesten Form im vorgeheizten Backofen bei 200 °C (Gas Stufe 3–4, Umluft 180 °C) in etwa 5 Minuten goldgelb rösten.

2 Den Knoblauch abziehen. Nüsse, Salz und Knoblauch im Mixer zerkleinern.

3 Das Basilikum waschen und trockentupfen. Die Blätter abzupfen, mit der Petersilie und 2 bis 3 Esslöffeln Öl zu den Nüssen geben und gründlich untermixen.

4 Das restliche Öl in einem dünnen Strahl zugießen und ebenfalls unterrühren.

5 Die Sauce in einer Schüssel mit geriebenem Käse mischen, mit Pfeffer abschmecken und zu Pasta servieren.

Frittierte Minipizzas

Für 4 Personen

1 Packung TK-Pizzateig (450 g) · Mehl für die Arbeitsfläche · Öl zum Frittieren 500 g reife Tomaten · 1 Knoblauchzehe · 1 Bund Basilikum · Salz · frisch gemahlener Pfeffer · frisch geriebener Parmesan

Zubereitung

1 Die Teigplatten auftauen und auf einer bemehlten Arbeitsfläche ausrollen. Kreise von 8 bis 10 Zentimetern ausradeln und so lange mit dem Handballen schlagen, bis der Teig nicht dicker als 1 Zentimeter ist.

2 Reichlich Öl in einer Fritteuse erhitzen. Die Teigkreise portionsweise schwimmend ausbacken, abtropfen lassen und warm stellen.

3 Die Tomaten mit kochendem Wasser überbrühen, abziehen, entkernen, den Saft ausdrücken und das Fruchtfleisch klein schneiden.

4 Den Knoblauch abziehen und fein hacken. Das Basilikum waschen und trockenschwenken. Die Blätter abzupfen und zerkleinern.

5 Die Tomatenwürfel mit Knoblauch und Basilikum verrühren, salzen und pfeffern. Die Teigfladen mit der Mischung belegen und noch mit frisch geriebenem Parmesankäse bestreuen.

Die frittierte Minipizza wird zu einem kleinen Festessen, wenn Sie noch einige gekochte Scampi darauf legen.

Schollenfilets mit Zitronenbutter und Basilikum sind eine Köstlichkeit. Versuchen Sie doch auch einmal Seezungenfilets.

Beifuß

Beifuß ist ein einheimisches Kraut und findet sich wild wachsend an Plätzen mit eher kargen Böden wie Wegrändern, Böschungen oder Schotterhalden. Er ist ein heute leider etwas in Vergessenheit geratenes Küchenkraut – wohl deshalb, weil sein etwas bitterer Geschmack unsere Kochphantasie nicht unbedingt anzuregen vermag. Wie sein Verwandter, der Wermut, ist Beifuß jedoch eine hervorragende Beigabe zu sehr fetten Speisen, da er die Gallenproduktion anregt und somit einen Gänsebraten nicht nur schmackhafter, sondern auch bekömmlicher macht. Als Salzersatz fehlte Beifuß früher in keinem Haushalt und trug wegen seiner bekömmlichen Wirkung den volkstümlichen Beinamen »Gänsekraut«.

Herkunft und Botanik

Als ursprüngliche Heimat des Beifußes werden Westasien und Indien angesehen. Da die Pflanze trotz ihrer südlichen Herkunft sehr robust und kälteunempfindlich ist, findet man sie inzwischen in fast allen Regionen der Welt. Als Gewürzpflanze wird Beifuß nur in den Balkanstaaten auf größeren Flächen gewerblich kultiviert. Der botanische Name des Beifußes ist *Artemisia vulgaris;* er ist mehrjährig und erreicht eine Höhe von bis zu 1,5 Metern. Seine Hauptblütezeit ist von Juni bis August.

Beifuß ist als Küchengewürz derzeit nicht »in«, weswegen er im Handel nur schwer zu bekommen ist. Nur eine Pflanze im Garten oder auf dem Balkon reicht aus, um den laufenden Bedarf eines Haushaltes zu decken!

Beifuß anbauen

Beifuß kann man entweder durch Teilung eines wild wachsenden Strauches oder auch aus Samen züchten. Da die Pflanze sehr anspruchslos ist, wächst sie auch auf mageren Böden, benötigt aber ein sonniges und trockenes Klima. Beifuß mag keine »nassen Füße«. Sorgen Sie deshalb für eine gute Bodendrainage, indem Sie eine Schicht Sand oder kleine Kieselsteine auf den Topfboden geben, bevor Sie ihn einpflanzen, und gießen Sie die Pflanze selbst bei trockener Witterung immer nur mäßig.

Ernte und Aufbewahrung

Geerntet werden nur die oberen Zweigspitzen mit den zarten neuen Blättern und den Blütenansätzen. Bereits voll blühender Beifuß enthält dagegen zu viele Bitterstoffe und ist nicht mehr zum Verzehr geeignet. Beifuß trocknet am schnellsten, wenn man ihn bündelt und kopfüber an einen dunklen, aber gut belüfteten Ort hängt (siehe Seite 16). Wenn Beifuß nicht für den schnellen Verbrauch bestimmt ist, sollten Sie das getrocknete Kraut zerkleinern und in lichtundurchlässigen Gläschen an einem möglichst kühlen Ort lagern. Beifuß verliert beim Trocknen zwar seine Farbe, Duft und Geschmack bleiben aber vollständig erhalten.

Beifuß als Heilmittel

Beifuß hat eine ähnliche, wenn auch nicht so starke Wirkung wie der bekanntere Wermut. Er erhöht die Magensaft- und Gallensaftproduktion und ist daher ein hervorragendes Mittel gegen Völlegefühl und Verdauungsbeschwerden. Außerdem hilft er gut bei chronischer Appetitlosigkeit. Beifuß enthält zwar nicht so viele Bitterstoffe und ätherische Öle wie der Wermut, ist im Gegensatz zu seinem wirksameren Verwandten aber besser und damit auch in größeren Mengen genießbar. In der Volksmedizin wurde Beifuß früher auch häufig bei Hämorrhoiden und bei Blasenleiden angewendet.

Sollten Sie den äußerst bitteren Wermuttee aus gesundheitlichen Gründen trinken müssen, ihn aber nicht unbedingt mögen, probieren Sie es ersatzweise mit Beifußtee: 1 Teelöffel klein geschnittenes Beifußkraut mit 250 Milliliter kochendem Wasser übergießen und nach 2 Minuten abseihen.

Rezepte mit Beifuß

Beifuß ist *das* klassische Gewürz für fette Fleischspeisen und andere schwere Gerichte, und Gänsebraten ist ohne Beigabe von Beifuß nicht denkbar. Auch Enten und Hühner lassen sich mit Beifuß verfeinern und zugleich bekömmlicher machen. Schweine- oder Gänseschmalz wird durch Zusatz von Beifuß besser verdaulich und bekommt zugleich einen leicht salzigen, herben Geschmack. Auch zu Gerichten mit Schweine- und Hammelfleisch passt diese Gewürzpflanze. Darüber hinaus bietet sich Beifuß als Würzkraut für herzhafte Eintöpfe, Pilzgerichte und Saucen an.

Hirschragout mit Steinpilzen

Für 4 Personen

800 g gut abgehangenes Hirschfleisch · 1–2 Bund Suppengrün · 2 EL Butterschmalz · Salz · frisch gemahlener schwarzer Pfeffer · 100 ml Rotwein · 1/2 l brauner Saucenfond · 2 Lorbeerblätter · einige Wacholderbeeren · etwas frischer oder getrockneter Beifuß · 250 g Steinpilze · 2 EL Butter

Für dieses Rezept können Sie das Hirschfleisch sehr gut auch durch Reh oder ein anderes Wildfleisch ersetzen.

Zubereitung

1 Das Hirschfleisch von Sehnen, Häutchen und Fetträndern befreien, waschen, trockentupfen und in mundgerechte Würfel schneiden. Das Suppengrün waschen, putzen, grob zerkleinern.

2 Das Fleisch im heißen Butterschmalz bei starker Hitze rundherum kräftig anbraten. Das zerkleinerte Suppengemüse zugeben und kurz mitbraten. Fleisch und Gemüse kräftig mit Salz und Pfeffer würzen.

3 Den Bratensatz mit dem Rotwein ablöschen und mit dem braunen Saucenfond auffüllen. Lorbeerblätter, Wacholderbeeren und Beifuß zufügen und alles zusammen zugedeckt bei geringer Hitze etwa 1 1/2 Stunden schmoren lassen.

4 Inzwischen die Pilze putzen, mit leicht angefeuchtetem Küchenkrepp säubern und in Scheiben schneiden. Die Butter in einer Pfanne erhitzen und die Pilze darin gar dünsten.

5 Sobald das Hirschfleisch weich ist, herausnehmen und beiseite stellen. Die Lorbeerblätter und Wacholderbeeren aus dem Bratensatz entfernen und die Sauce mit dem Stabmixer sämig pürieren.

6 Das Hirschfleisch und die Pilze in die Sauce geben, mit Salz und Pfeffer abschmecken und nochmals kurz erhitzen. Dazu Spätzle und Preiselbeerkompott reichen. Als Beilagen empfehlen sich auch Rotkohl und Semmelknödel.

Ente mit Apfelfüllung

Für 4 Personen

1 küchenfertige fleischige Ente · Salz · frisch gemahlener Pfeffer · 1 TL frischer oder getrockneter, gehackter Beifuß · 4 kleine Äpfel · evtl. etwas Speisestärke

Zubereitung

1 Die Ente innen und außen unter kaltem Wasser waschen, mit Küchenkrepp trockentupfen und innen und außen mit Salz, Pfeffer und Beifuß einreiben.

2 Die Äpfel schälen und das Kerngehäuse entfernen. Das Fruchtfleisch in Spalten oder Stücke schneiden und die Ente damit füllen. Die Öffnung mit Küchengarn zunähen.

3 Das Geflügel mit der Brustseite nach unten auf einen Rost über die Fettpfanne legen und mit 1/4 Liter Wasser übergießen. Die Ente im vorgeheizten Backofen bei 220 °C (Gas Stufe 4–5, Umluft 200 °C) etwa 45 Minuten braten und zwischendurch regelmäßig mit etwas Wasser übergießen.

4 Die Temperatur auf 180 °C (Gas Stufe 2–3, Umluft 160 °C) zurückschalten und die Ente je nach Größe noch etwa 1 Stunde weiterbraten. Damit sie schön rösch und knusprig wird, alle 10 Minuten mit Salzwasser bestreichen.

5 Die Bratensauce entfetten und je nach gewünschter Konsistenz mit etwas in Wasser angerührter Speisestärke binden.

6 Die Äpfel aus dem Bauch der Ente herausnehmen und getrennt zu Ente und Sauce anrichten. Dazu Kastanienpüree und Kartoffelknödel servieren.

Es gibt eine Methode, das oft sehr fette Geflügelfleisch so im Ofen zu braten, dass es Fett verliert, aber saftig bleibt: Legen Sie das Geflügel in ein »Bett« aus grobem Meersalz.

Die Ente mit Apfelfüllung ist ein schönes Gericht für eine große Tafel in der Vorweihnachtszeit.

Bohnenkraut

Bohnenkraut wurde bereits im 9. Jahrhundert durch die Benediktinermönche zu uns gebracht und hier weitläufig kultiviert und verbreitet. Trotz seiner südlichen Heimat ist es eher kälteunempfindlich und an besonders geschützten Stellen als »Gartenflüchtling« sogar wild anzutreffen. Mit seinem herzhaften, etwas scharfen Aroma ist Bohnenkraut ein ideales Kraut zum Würzen von Fleisch- und Wurstwaren. Mit seinen zahlreichen volkstümlichen Namen wie »Fleischkräutel«, »Pfefferkraut« und auch »Wurstkraut« sind uns die vielfältigen kulinarischen Verwendungsarten des Bohnenkrauts überliefert worden. Obwohl es in der Küche außerordentlich vielseitig verwendbar ist, wird Bohnenkraut heute hauptsächlich zum Würzen von Bohnen und anderem Gemüse verwendet.

Bohnenkraut hat eine ähnliche Heilwirkung wie Thymian und Quendel. Bei Erkältungen hat es als Kopfdampfbad eine wohltuend entspannende Wirkung auf die gereizten Schleimhäute.

Herkunft und Botanik

Bohnenkraut stammt ursprünglich aus dem östlichen Mittelmeergebiet und dem Iran. Von dort gelangte es in den Mittelmeerraum und schließlich über die Alpen zu uns. Der botanische Name des Bohnenkrauts ist *Satureja hortensis*; es stammt aus der Familie der Lippenblütler und ist einjährig. Die weißen bis tief rosafarbenen ährenartigen Blüten erscheinen von Juli bis September.

Sorten

Es gibt zwei Bohnenkrautsorten, das Sommer- und das Winterbohnenkraut, wobei Letzteres auch Bergbohnenkraut genannt wird. Beide Sorten enthalten einen hohen Anteil an natürlichen Mineralstoffen. Im Gegensatz zum Bergbohnenkraut ist Sommerbohnenkraut einjährig und muss daher jedes Jahr neu ausgesät werden. Bohnenkraut duftet aromatisch und schmeckt würzig pfefferig, wobei Kenner behaupten, dass Winterbohnenkraut kräftiger im Geschmack sei als Sommerbohnenkraut.

Bohnenkraut anbauen

Sowohl Sommer- als auch Winterbohnenkraut kann man problemlos in einem Topf auf der Fensterbank oder im Garten ziehen: dafür die Samen aussäen, mit einer dünnen Schicht Erde bedecken und die Sämlinge auf einen Abstand von 15 bis 25 Zentimetern vereinzeln. Während der Wachstumsphase brauchen die Pflänzchen viel Feuchtigkeit; sind sie ausgewachsen, darf nur noch sparsam gegossen werden. Das mehrjährige Winterbohnenkraut muss alle zwei bis drei Jahre ersetzt werden, da es im Laufe der Zeit verholzt.

Für den laufenden Bedarf eines normalen Haushalts genügen schon zwei bis drei Pflänzchen. Pflanzen Sie das Bohnenkraut an einen möglichst sonnigen und windgeschützten Platz.

Ernte und Aufbewahrung

Durch regelmäßige Ernte der Blattspitzen und Zweige bleibt Bohnenkraut kräftig und buschig. Zwicken Sie aber die Blüten ab, da das Kraut sonst sein Aroma verliert. Bohnenkraut eignet sich gut zum Trocknen, indem man die Stängel auf gleiche Länge abschneidet, bündelt und kopfüber an einen luftigen, trockenen Platz hängt (siehe Seite 16). Im Kühlschrank bleibt das Kraut zwei bis drei Tage frisch, wenn man es mit Wasser besprüht und in einen Frischhaltebeutel legt. Es eignet sich auch gut zum Einfrieren (siehe Seite 16).

Bohnenkraut als Heilmittel

Bohnenkraut ist von alters her eine beliebte Beigabe zu Hülsenfrüchten. Hier ist es nicht nur eine geschmackliche Bereicherung, sondern es hilft auch, Blähungen zu vermindern, die nach dem Genuss von Hülsenfrüchten häufig auftreten. Bohnenkraut wirkt entschlackend und regt die Harn- und Schweißproduktion an.

Rezepte mit Bohnenkraut

Bohnenkraut ist *das* klassische Würzmittel für alle Hülsenfrüchte und passt zu Bohnen, Möhren und Kartoffeln. Sein pfeffriger, würziger Geschmack macht das Kraut zu einer idealen Ergänzung von kräftigen Eintöpfen oder Lamm- und Schweinefleisch. Als Einmachgewürz für Gemüse, Gurken und Tomaten darf Bohnenkraut ebenfalls nicht fehlen.

Lammkoteletts mit Bohnenkrautmousse

Für 4 Personen

8 Lammkoteletts · Olivenöl · Salz · frisch gemahlener Pfeffer · 1–2 Knoblauchzehen · 250 g Doppelrahmfrischkäse · 4 EL Milch · je 1/2 EL Bohnenkraut und Thymian

Zubereitung

1 Die Lammkoteletts waschen, trockentupfen und im heißen Öl auf beiden Seiten etwa 5 Minuten bei mittlerer Hitze braten. Das Fleisch mit Salz und Pfeffer würzen und warm stellen.

2 Den Knoblauch abziehen und durch die Presse drücken. Den Frischkäse mit der Milch glatt rühren und mit Salz, Pfeffer und Knoblauch würzen.

3 Die Kräuter fein hacken und untermischen. Mit einem Eisportionierer aus der Masse Kugeln formen und zu den Koteletts reichen.

Zusätzlich können Sie noch etwas fein abgeriebene unbehandelte Zitronenschale unter die Frischkäsemasse mischen. Das Bohnenkraut lässt sich auch durch fein gehackte Minze ersetzen.

Geflügel-Avocado-Suppe mit Bohnenkraut

Für 4 Personen

2 ausgelöste Geflügelbrüste ohne Haut · 1 l Geflügelbrühe · 4 EL Buchstabennudeln · 1 kleine reife Avocado · einige Stiele Bohnenkraut · Saft von 2 Zitronen frisch gemahlener Pfeffer

Zubereitung

1 Die ausgelösten Geflügelbrüste waschen und gut trockentupfen. Die Geflügelbrühe erhitzen und das Fleisch darin etwa 20 Minuten pochieren, herausnehmen, etwas abkühlen lassen und in mundgerechte Stücke schneiden.

2 Die Geflügelbrühe nochmals erhitzen und die Buchstabennudeln darin knapp bissfest garen.

3 Die Avocado schälen, halbieren und entsteinen. Das Fruchtfleisch in sehr kleine Würfel schneiden.

4 Das Bohnenkraut waschen und trockentupfen. Die Blättchen von den Stielen zupfen und mit dem Geflügelfleisch, den Avocadowürfeln und dem Zitronensaft zur Suppe geben. Die Suppe kurz erhitzen und mit Pfeffer abschmecken.

Gebackener Ziegenkäse auf Blattsalat

Für 4 Personen

4 kleine runde Ziegenkäse · Pfeffer · einige Bohnenkrautstiele · Olivenöl
1/2 Kopf Friséesalat · 1 Kopf Radicchio · 1 Bund Rucola · 2 EL Rotweinessig · Salz

Zubereitung

1 Die Ziegenkäse mit Pfeffer übermahlen und zusammen mit dem Bohnenkraut über Nacht in Olivenöl eingelegt ziehen lassen.

2 Die Salate waschen, putzen, trockenschwenken und in mundgerechte Stücke zupfen. Den Rucola verlesen, waschen und trockentupfen. 4 Esslöffel Öl mit Essig, Salz und Pfeffer zu einer Marinade verrühren.

3 Den Käse abtropfen lassen, in eine flache feuerfeste Form geben und im vorgeheizten Backofen bei 200 °C (Gas Stufe 3–4, Umluft 180 °C) überbacken, bis er Farbe annimmt.

4 Die Salate auf Tellern verteilen, mit dem Dressing beträufeln und mit je 1 Ziegenkäse anrichten. Dazu geröstetes Stangenweißbrot servieren.

Anstelle von Bohnenkraut können Sie auch Thymianzweige und Rosmarinnadeln oder Basilikumblätter zum Einlegen des Ziegenkäses verwenden.

Servieren Sie die Lammkoteletts sehr heiß; nur dann haben sie ihren unverwechselbaren Geschmack.

Borretsch

Borretsch galt schon bei den alten Römern als beliebtes Würzkraut. Auch seine stimmungsaufhellende Wirkung war allgemein bekannt und schlug sich bei uns im Volksmund in so liebevollen Namen wie »Herzfreude« oder »Wohlgemutsblume« nieder. Borretsch ist eine anspruchslose Pflanze, die auch bei wenig Pflege schnell wächst und sich so gerade für Hobbygärtner mit wenig Zeit eignet. Borretsch hat ein charakteristisches, gurkenähnliches Aroma und ist unverzichtbare Zutat in der berühmten Frankfurter »Grünen Sauce«. Er ist häufig in heimischen Kräutermischungen enthalten, die man heute wieder frisch oder getrocknet und gebündelt auf Bauernmärkten bekommen kann. In Supermärkten wird Borretsch dagegen kaum angeboten, mit etwas Glück können Sie das Kraut jedoch in gut sortierten Gemüsefachgeschäften finden.

Herkunft und Botanik

Als ursprüngliche Heimat des Borretschs gilt der Orient, aufgrund seiner wetterbeständigen Natur wird er jedoch inzwischen weltweit kultiviert. Borretsch hat sich so gut an unsere nördlichen Klimabedingungen angepasst, dass man ihn auch wild wachsend an Wegrändern und als »Kulturflüchtling« in der Nähe von Gärten finden kann. Der botanische Name des Borretschs ist *Borago officinalis;* er gehört zu der Familie der Raublattgewächse und ist einjährig. Seine Blütezeit ist von Mai bis September.

Bevor Sie bei leichteren Depressionen zu chemischen Stimmungsaufhellern greifen, sollten Sie es lieber mit der sanften, aber sehr wirkungsvollen Kraft des Borretschs probieren.

Sorten

Da der wild wachsende Borretsch als so genannter Gartenflüchtling angesehen wird, gibt es sowohl im Aussehen als auch im Geschmack keine Unterschiede zum kultivierten Borretsch. Die Blätter sind oval, rau und behaart, die blauvioletten Blüten hängen in Trauben zusammen und sind ein attraktiver Anziehungspunkt für Bienen, Hummeln und andere Insekten.

Borretsch anbauen

Der günstigste Zeitpunkt für die Aussaat ist von Mitte März bis Ende April. Säen Sie die Samenkörner nicht zu dicht aus, da die kräftigen Borretschpflanzen viel Platz zum Wachsen brauchen, und dünnen Sie zu dicht stehende Pflänzchen aus. Am besten gedeiht Borretsch, wenn jedes Pflänzchen seinen eigenen Topf bekommt. Er gedeiht auch im Halbschatten und benötigt viel Wasser, regeneriert sich aber rasch, wenn er einmal vernachlässigt worden ist.

Borretsch wird meistens in Verbindung mit anderen Kräutern verwendet, so dass Sie besser immer nur relativ kleine Portionen einfrieren.

Ernte und Aufbewahrung

Ab Juni beginnt die Erntezeit für die zarten, jungen Borretschblätter. Knipsen Sie zusätzlich alle im Sommer heranwachsenden Blütenansätze ab, da die Pflanze sonst stark an Aroma verliert. Im Kühlschrank hält sich Borretsch am besten, indem man ihn mit Wasser besprüht und in einen Frischhaltebeutel gibt. Grundsätzlich ist Borretsch ein Kraut, das nur erntefrisch verwendet werden sollte. Auch wenn Sie die Blätter trocknen möchten, ist eine rasche Weiterverarbeitung wichtig (siehe Seite 16). Durch Einfrieren können Sie Borretsch ebenfalls dauerhaft konservieren.

Borretsch als Heilmittel

Borretsch wirkt blutreinigend, stimmungsaufhellend und entzündungshemmend. Er hilft bei Erkältungskrankheiten und nervös bedingten Herzbeschwerden.

Rezepte mit Borretsch

Borretsch verleiht Gerichten einen erfrischenden, gurkenähnlichen Geschmack. Er wird in erster Linie zusammen mit anderen Kräutern für Saucen auf Quark- und Joghurtbasis verwendet, passt aber auch als Würzkraut in Salatdressings sowie zu Fischgerichten und Suppen. Die blauvioletten Blüten des Borretschs sind auch eine attraktive Dekoration für Salate und Desserts. Borretschblätter sind sehr rau und etwas haarig und sollten deshalb nur fein gehackt weiterverarbeitet und konserviert werden.

Risotto mit Mangold und Borretsch

Für 4 Personen

200 g Risottoreis (z. B. Arborio) · 1 Zwiebel · Olivenöl · 100 ml Weißwein
1/2 l Gemüsebrühe oder Bouillon · Salz · frisch gemahlener Pfeffer
300 g Mangold (ersatzweise Spinat) · 50 g Pinienkerne · 1 Bund Borretsch
50 g geriebener Parmesan

Sie können den Risotto auch auf dem Herd kochen. Dabei müssen Sie aber unbedingt öfter umrühren, damit der Reis nicht anbrennt.

Zubereitung

1 Den Reis waschen und gründlich abtropfen lassen. Die Zwiebel abziehen, fein würfeln, im heißen Öl bei geringer Hitze glasig anschwitzen und mit dem Weißwein ablöschen.

2 Reis und Zwiebeln vermengen, in eine feuerfeste Form geben und mit der Brühe auffüllen. Den Risotto mit Salz und Pfeffer würzen und im vorgeheizten Backofen bei 150 °C (Gas Stufe 1, Umluft 130 °C) etwa 20 Minuten garen.

3 Den Mangold waschen, putzen und in 2 Zentimeter lange Streifen schneiden. Das Gemüse in Salzwasser bei mittlerer Hitze etwa 15 Minuten garen und unter den Reis mischen.

4 Die Pinienkerne in einer Pfanne ohne Fett goldbraun rösten. Den Borretsch waschen, trockentupfen und grob hacken.

5 Den Borretsch und den Parmesan unter den Risotto mischen und die Pinienkerne darüber streuen.

Eier in Borretschcreme

Für 4 Personen

12 Eier · 6–8 Borretschblätter · 300 g Sauerrahm · Zitronensaft · Salz · frisch gemahlener Pfeffer

Sie können das Gericht zur geschmacklichen Verfeinerung noch mit Räucherlachs ergänzen und mit einer Borretschblüte dekorieren.

Zubereitung

1 Die Eier hart kochen, kalt abschrecken und pellen.

2 Den Borretsch waschen, trockentupfen und fein hacken. Den Sauerrahm mit Borretsch, Zitronensaft, Salz und Pfeffer verrühren und abschmecken.

3 Die Eier mit der Borretschcreme überziehen und zu Vollkornbrot oder Knoblauchbaguette servieren.

Champagnercocktail mit geeisten Borretschblüten

Für 4 Personen

20 g Zucker · 8 Borretschblüten · 4 cl Gin · 1 EL Zitronensaft · Champagner

Zubereitung

1 Den Zucker in 40 Milliliter Wasser kurz aufkochen und abkühlen lassen.

2 Die Borretschblüten vorsichtig einzeln waschen und trockentupfen.

3 Je 1 Blüte in die Kammer eines Eiswürfelbehälters legen, sehr vorsichtig etwas Zuckersirup darüber gießen und die Blüten einige Stunden gefrieren lassen.

4 In 4 Cocktailschalen je 1/2 Schnapsglas Gin, etwas Zitronensaft und 2 gefrorene Borretschblüten verteilen und mit eisgekühltem Champagner auffüllen.

Sie können die wunderschönen, leuchtend blauen Borretschblüten auch in Wein oder geeisten Tee tunken, denen sie ein besonders frisches Aroma verleihen. Die Blüten sind nicht nur eine dekorative Beigabe, sondern sie werden auch als Tee aufgebrüht und wie Pfefferminze verwendet.

Der Name »Borretsch« leitet sich ab aus dem arabischen »sabu radj«, was übersetzt »Vater des Schweißes« bedeutet und sich auf die schweißtreibende Wirkung von Borretschtee bezieht.

Für die kleinen Gäste können Sie die geeisten Blüten in Tee oder in eine Fruchtschorle geben.

Dill

Das feine, sehr charakteristische Aroma macht dieses Gewürz zu einer echten Besonderheit unter den Küchenkräutern. Mit kaum einem anderen Kraut lassen sich so ungewöhnliche Geschmackserlebnisse kreieren wie mit Dill – man denke dabei nur an den legendären skandinavischen Graved Lachs oder an Gurkensalat. Fehlt dem Koch jedoch beim Dill das Feingefühl für die passende Menge, kann auch der Profi beim Würzen mit Dill leicht über die Stränge schlagen – während ein feiner Dillgeschmack förmlich auf der Zunge zergeht, kann ein penetrantes Dillaroma ein ganzes Gericht verderben!

Herkunft und Botanik

Die eigentliche Heimat des Dills liegt vermutlich im östlichen Mittelmeerraum und im Kaukasus; aus Ägypten und Italien kam er über die Alpen zu uns. Heute wird Dill vor allem in Skandinavien sowie in Ost- und Südeuropa in größeren Kulturen angepflanzt. Sein botanischer Name ist *Anethum graveolens;* er gehört zu der Familie der Doldenblütler und ist einjährig. Die Blütezeit ist im August.

Sorten

Die verschiedenen Dillsorten unterscheiden sich nur unwesentlich voneinander, die kleinen geschmacklichen Nuancen fallen kaum ins Gewicht. Verschieden in Aroma und Geschmack sind lediglich die einzelnen Pflanzenteile: Die gefiederten Blätter haben den bekannten Dillgeschmack, während die frischen oder getrockneten Samen aus den Blütendolden geschmacklich eher an Kümmel erinnern.

Der stark duftende, bis über einen Meter hohe Dill galt im Volksglauben als ein Schutzmittel gegen Blitzschlag oder Viehseuchen, und bei entsprechender Gefahr wurden Dillstauden im Stall verbrannt.

Dill anbauen

Die Samen können ab April ausgesät werden, müssen dabei aber gut mit Erde bedeckt werden. Die jungen Pflänzchen brauchen für ihre Entwicklung ausreichend Platz und müssen in etwa 20 Zentimeter Abstand ausgelichtet werden.

Ernte und Aufbewahrung

Etwa sechs Wochen nach der Aussaat können Sie die jungen zarten Dillblättchen ernten, deren Aroma vor Beginn der Blütezeit im Juni am stärksten ist. Die Zeit der Blätterernte lässt sich noch einige Zeit verlängern, wenn Sie alle jungen Blütenansätze regelmäßig abknipsen. Die Dillblättchen werden in der Regel frisch verwendet, da sie beim Trocknen zu viel von ihrem Aroma verlieren. Frische Dillstängel können Sie etwa zwei Tage aufbewahren, indem Sie sie mit Wasser besprühen und in einem locker verschlossenen Frischhaltebeutel in den Kühlschrank legen. Zur längerfristigen Konservierung des unverwechselbaren Dillaromas kann das Kraut sehr gut tiefgefroren werden (siehe Seite 16).

Wenn Sie zum Einmachen von Gurken oder für Marinaden die Dillsamen ernten wollen, sollten Sie selbstverständlich einige Blüten bis zum Ausreifen der Samen stehen lassen. Zum Trocknen hängen Sie die Dolden kopfüber an einen trockenen und luftigen Ort.

Dill als Heilmittel

Dill wirkt antiseptisch, harntreibend und beruhigend. Er hilft bei Blähungen und soll, als Tee getrunken, Schlafstörungen beheben. Die meisten medizinisch wirksamen Stoffe sind nicht in den Blättern, sondern in den Dillsamen enthalten. Die Wirkung der Blätter ist ähnlich, wenn auch nicht so stark. Bei Mundgeruch und Zahnfleischentzündungen können Sie die Dillsamen kauen und eine Weile im Mund behalten.

Rezepte mit Dill

Die Dillblättchen sind das klassische Würzmittel für Gurkensalat und alle kalten Saucen wie Mayonnaisen, Remouladen und Salatdressings. Der Geschmack von Fisch wird mit einem Hauch Dill auf besondere Art verfeinert; hier finden sich auch die pikantesten und ungewöhnlichsten Variationen der verschiedenen Dillsaucen. Auch junge Kartoffeln, Eiergerichte und Rohkost schmecken mit etwas frischem gehackten Dill sehr gut. Die gelben Blütendolden mit den aromatischen Samen verleihen allen Arten von eingelegtem Essiggemüse ein ansprechendes Aussehen und das typische Aroma. Süßsauer eingelegte Gurken sind ohne die obligatorischen Dillsamen nicht denkbar.

Aal grün

Für 4 Personen

1/2 Bund Dill · einige Stiele Petersilie, Kerbel und Estragon · 1 Zwiebel
800 g enthäuteter Aal · 1 EL Zitronensaft · Salz · frisch gemahlener Pfeffer
50 g Butter · 100 ml Weißwein · 200 ml Fischfond oder Wasser · 100 g Crème fraîche · 40 g Mehlbutter

Einen Aal zu häuten ist für Ungeübte nicht ganz einfach. Wenn Sie den Aal schon beim Fischhändler häuten lassen, sparen Sie sich diese mühsame Vorarbeit.

Zubereitung

1 Den Dill und die Kräuter waschen und trockentupfen. Die Dillspitzen und Kräuterblättchen von den Stielen zupfen und mit einem scharfen Messer fein hacken. Die Zwiebel abziehen und fein würfeln.

2 Den Aal in 3 bis 4 Zentimeter lange Stücke schneiden. Die Aalstücke mit dem Zitronensaft beträufeln und mit Salz und Pfeffer würzen.

3 Den Aal in heißer Butter bei schwacher Hitze anbraten. Die Zwiebeln zufügen, kurz mitdünsten und mit dem Wein ablöschen.

4 Die Kräuterstiele dazugeben und alles mit dem Fischfond auffüllen.

5 Den Aal bei schwacher Hitze zugedeckt 10 Minuten in der Pfanne dünsten und danach mit der Schaumkelle herausnehmen.

6 Die Sauce mit der Crème fraîche verfeinern und mit der Mehlbutter binden.

7 Die Sauce durch ein Sieb streichen und mit Salz und Pfeffer abschmecken. Die Kräuter zufügen und den Aal nochmals kurz darin erhitzen. Dazu passen Kartoffeln oder Weißbrot.

Flusskrebse in Dillsud

Für 4 Personen

1 Bund Dill · Salz · 24 Flusskrebse · 2 Wirsingkohlblätter · 2 Fleischtomaten
300 ml Gemüsebrühe · 100 ml trockener Weißwein · frisch gemahlener Pfeffer
gemahlener Ingwer · Schale und Saft von 1/2 unbehandelten Zitrone

Zubereitung

1 Den Dill waschen, trockentupfen und die Spitzen abzupfen.

2 In einem großen Topf reichlich Salzwasser mit den Dillstängeln zum Kochen

bringen. Die Krebse kopfüber ins sprudelnde Wasser geben, 2 Minuten kochen und mit einem Schaumlöffel herausnehmen. Die Krebse etwas abkühlen lassen und die Scheren und Schwänze ausbrechen.
3 Die Kohlblätter kurz in kochendem Wasser blanchieren, kalt abschrecken und abtropfen lassen. Die dicken Blattrippen herausschneiden und die Blätter in Rauten schneiden.
4 Die Tomaten mit kochendem Wasser überbrühen, kalt abschrecken und abziehen. Das Fruchtfleisch halbieren, entkernen und in kleine Würfel schneiden.
5 Die Gemüsebrühe mit dem Weißwein erhitzen. Die Wirsingrauten und die Tomatenwürfel dazugeben. Den Sud nach Belieben mit Salz, Pfeffer und Ingwer würzen und mit Zitronenschale und -saft abschmecken.
6 Die Krebsscheren und -schwänze etwa 1 Minute im Sud erwärmen. Die Suppe in tiefen Tellern anrichten, mit dem Dill bestreuen und zu frischem Stangenweißbrot servieren.

Schmorgurkenragout

Für 4 Personen

1 kg Salatgurken · 1 Bund Dill · 1 EL Öl · Salz · frisch gemahlener Pfeffer
150 g Crème fraîche

Zubereitung

1 Die Gurken schälen und längs halbieren. Mit einem Esslöffel die Kerne herauskratzen und das feste Fruchtfleisch quer in etwa 1 Zentimeter breite Halbmonde schneiden.
2 Den Dill waschen und trockentupfen. Die Dillspitzen vorsichtig von den Stängeln zupfen.
3 Die Gurken in heißem Öl andünsten, 1 Esslöffel Wasser zugeben, das Gemüse bei geringer Hitze etwa 5 Minuten zugedeckt schmoren lassen und mit Salz und Pfeffer nach Geschmack würzen.
4 Die Crème fraîche und den Dill unter das Gurkengemüse rühren.
5 Das Ragout nochmals kurz erhitzen, nach Belieben mit Salz und Pfeffer abschmecken und zu jungen Pellkartoffeln servieren.

Kalte Dillsaucen lassen sich in unzähligen Variationen herstellen. Als Saucenbasis eignen sich Joghurt, Sahne, Senf, Olivenöl und Mayonnaise.

Grüne Krabbensuppe mit Dill

Wenn Sie diese Suppe ohne Alkohol zubereiten wollen, verfeinern Sie sie statt mit Weißwein einfach mit etwas Balsamicoessig, nehmen dann aber etwas weniger.

Für 4 Personen

1 Bund Dill · 1 Zwiebel · 20 g Butter · 150 g Erbsen · 0,8 l Fischfond oder Bouillon Salz · frisch gemahlener Pfeffer · 100 ml trockener Weißwein · 100 g geschälte Nordseekrabben · 4 EL geschlagene Sahne

Zubereitung

1 Den Dill waschen und trockentupfen. Die Dillspitzen von den Stängeln zupfen und beiseite stellen.

2 Die Zwiebel abziehen und in der heißen Butter glasig anschwitzen. Die Erbsen zufügen und mit dem Fond auffüllen. Die Dillstängel dazugeben und alles etwa 10 Minuten bei schwacher Hitze leise kochen.

3 Die Suppe nach Geschmack mit Salz und Pfeffer würzen und mit dem Stabmixer pürieren. Den Weißwein und die Krabben dazugeben und die Suppe nochmals kurz erhitzen.

4 Die Krabbensuppe in 4 tiefen Tellern mit je 1 Esslöffel geschlagener Sahne in der Mitte anrichten und mit Dill bestreut servieren.

Geeiste Gurken-Dill-Suppe

Für 4 Personen

2 Salatgurken · 1/2 Bund Dill · 400 ml Gemüsebrühe oder Bouillon · 150 g Sahne oder Crème fraîche · Salz · frisch gemahlener Pfeffer

Zubereitung

1 Die Gurken waschen, schälen, längs halbieren und entkernen. Eine Gurke in feine Halbmonde, die zweite in kleine Würfel schneiden.

2 Den Dill waschen und trockentupfen. Die Dillspitzen von den Stängeln zupfen.

3 Die Gurkenhalbmonde mit Brühe und Sahne oder Crème fraîche pürieren. Den Dill zufügen und alles mit Salz und Pfeffer würzen. Zugedeckt kühl stellen.

4 Die Suppe vor dem Servieren kräftig umrühren, in gekühlte Teller oder Tassen füllen und mit den Gurkenwürfeln garnieren.

Servieren Sie zu dieser Suppe geröstete Brotwürfel oder Streifen von Graved Lachs.

Dill-Gewürzgurken

Für 2 Gläser à 1 Liter

2 kg Einlegegurken (8–10 cm lang) · 1/2 l Weinessig · 100 g Zucker · 50 g Zwiebelwürfel · Pfeffer- und Senfkörner · einige Lorbeerblätter · einige Dillzweige

Zubereitung

1 Die Gurken waschen, bürsten und in die Gläser schichten.

2 Weinessig, Zucker, 1/4 Liter Wasser, Zwiebelwürfel, Senf- und Pfefferkörner, Lorbeerblätter und Dillzweige kurz aufkochen. Gläser füllen und verschließen. 30 Minuten bei 90 °C einkochen.

Schwedische Dill-Senf-Sauce

Für 4 Personen

1 Bund Dill · 1 Eigelb · 50 g brauner Zucker · 20 g Senf · 50 ml Essig · 1/8 l Öl

Zubereitung

1 Den Dill waschen, trockentupfen und abzupfen.

2 Eigelb, Zucker, Senf und Essig verrühren. Das Öl zuerst tropfenweise, dann in einem dünnen Strahl unterrühren und den Dill untermischen.

Die geeiste Gurken-Dill-Suppe (Rezept Seite 46) schmeckt am besten an heißen Sommertagen und ist blitzschnell zubereitet.

Nahrhaft, vitaminreich und doch leicht: die geeiste Gurken-Dill-Suppe.

Estragon

Schon in der Antike lobten berühmte arabische Ärzte den Estragon als äußerst vielseitiges Würz- und Heilmittel. Dieses im Mittelmeerraum heimische Kraut, das von den Benediktinermönchen im frühen Mittelalter zu uns gebracht wurde, versteckt in seinem Namen die lateinische Bezeichnung für »Schlange« oder »kleiner Drache«, eine Analogie, die möglicherweise auf die langen, verschlungenen Wurzeln des Krauts zurückzuführen ist. Estragon galt deshalb auch als wirksames Abwehrmittel gegen böse Mächte und wurde von den Menschen der Antike zum Schutz vor Schlangen und Dämonen unter der Kleidung getragen.

Herkunft und Botanik

Die Pflanze mit den schmalen, länglichen Blättchen stammt ursprünglich aus den weiten Steppen Südrusslands. Heute wächst Estragon im gesamten Mittelmeerraum und in Nordeuropa. Sein botanischer Name ist *Artemisia dracunculus;* er gehört zur Familie der Korbblütler und ist mehrjährig. Die Blütezeit ist von Juli bis August.

Sorten

Estragon zählt zu den Pflanzen, die im Freien überwintern können. In sehr harten Wintern sollte man ihn allerdings durch Abdecken mit Stroh, Reisigzweigen oder Noppenfolie vor allzu strengem Frost schützen.

Man unterscheidet zwischen dem glattblättrigen Französischen Estragon, auch Deutscher Estragon genannt, und dem Russischen Estragon. Ersterer verbreitet einen angenehm aromatischen Geruch und schmeckt würzig anisartig, seine Blätter sind dunkelgrün und unbehaart. Der Russische Estragon hingegen hat einen derben, etwas bitteren Geschmack. Man erkennt ihn an den behaarten, schmaleren, helleren Blättern. Beim Einkauf sollten Sie bedenken, dass Samenzüchter oft keinen Unterschied zwischen den beiden Sorten machen.

Estragon anbauen

Estragon ist ein sehr dankbares Kraut für Gartenneulinge, denn er ist leicht anzubauen und benötigt nur wenig Pflege.

immer wieder ernten möchten, sollten Sie im Abstand von einigen Wochen neu aussäen, da die Pflanze relativ bald verbraucht ist. Wenn Sie Wert auf die aromatischen Samen legen, säen Sie schon im März aus und ernten erst, wenn die Dolden im Oktober ausgereift und hellbraun sind.

Ernte und Aufbewahrung

Die grünen Pflanzenteile verwenden Sie am besten erntefrisch. Sie halten sich etwa zwei Tage, wenn man sie mit Wasser besprüht und in einen locker verschlossenen Frischhaltebeutel in den Kühlschrank legt. Zum längerfristigen Tiefgefrieren eignen sich nur die grünen Blattstiele (siehe Seite 16). Die Samen werden getrocknet und in lichtundurchlässigen Gefäßen aufbewahrt. Das Aroma der Samen hält sich ein Jahr, dann sollten Sie Ihren Vorrat auffrischen.

Für die Teezubereitung 2 Teelöffel Fenchelsamen leicht zerquetschen und mit 150 Milliliter kochend heißem Wasser übergießen. Den Tee 15 Minuten zugedeckt ziehen lassen und durch ein Sieb gießen.

Gewürzfenchel als Heilmittel

Bei uns finden die getrockneten Fenchelsamen hauptsächlich als Heiltee bei schmerzhaften Blähungen und Verdauungsbeschwerden Verwendung, der aus diesem Grund häufig Säuglingen und Kleinkindern gegeben wird. Fenchel wirkt außerdem schleimlösend und ist in Form von Fenchelhonig ein wenig bekanntes, aber äußerst wirksames Hustenmittel, das man pur, als Brotaufstrich oder in heißem Tee bzw. heißer Milch zu sich nimmt.

Rezepte mit Gewürzfenchel

Die Blätter des Gewürzfenchels verleihen zahlreichen Fisch- und Käsegerichten, Saucen und Essigfrüchten einen feinen, anisähnlichen Geschmack. Blätter und Stiele kann man entweder leicht andünsten, oder man gibt sie frisch und fein gehackt in Saucen und Salate. Die Samen des Gewürzfenchels sind wie die Blätter ein vorzügliches Fischgewürz und geben einem Fischfond ein wunderbares Aroma. Der feine Anisgeschmack der Fenchelsamen passt jedoch auch hervorragend zu verschiedenen Süßspeisen. In der asiatischen Küche ist Fenchel außerdem in einigen klassischen Würzmischungen enthalten.

Fischsuppe mit Fenchel

Die jungen Stängel und Blattstiele des Fenchelkrauts werden zubereitet, indem man sie kurz in der Pfanne dünstet oder fein gehackt roh hinzufügt.

Für 4 Personen

300 g gemischtes Fischfilet · Zitronensaft · abgeriebene Schale von 1 unbehandelten Orange · 1/2 Fenchelknolle · 1 Zwiebel · 100 g Lauch · 1 Fleischtomate Pfefferkörner · einige Fenchelsamen · je 1 TL fein gehackter Thymian und Bohnenkraut · 1 EL Öl · 100 ml Weißwein · Safranfäden · 1/2 l Fischfond oder Gemüsebrühe · Salz · 1 EL Pernod

Zubereitung

1 Das Fischfilet waschen, trockentupfen und in 2 Zentimeter große Stücke schneiden. Die Fischstücke mit dem Zitronensaft und der Orangenschale marinieren und kühl stellen.

2 Den Fenchel waschen, putzen und in feine Streifen schneiden. Das Fenchelgrün beiseite legen. Die Zwiebel abziehen und fein würfeln. Den Lauch waschen, trockentupfen und dann in schmale Ringe schneiden.

3 Die Tomate mit kochendem Wasser überbrühen, in kaltem Wasser abschrecken und abziehen. Das Fruchtfleisch vierteln, entkernen und grob würfeln.

4 Die Pfefferkörner zerdrücken. Pfeffer, Fenchelsamen, Thymian und Bohnenkraut in ein kleines Gewürzsäckchen aus Mull geben und zusammenbinden.

5 Zwiebeln und Lauch in heißem Öl glasig andünsten. Den Fenchel dazugeben und mit Wein ablöschen.

6 Die Safranfäden einrühren und das Gemüse mit dem Fischfond auffüllen. Das Gewürzsäckchen in die Suppe geben und alles bei geringer Hitze 10 Minuten zugedeckt leise kochen.

7 Den marinierten Fisch mit Salz würzen und etwa 3 Minuten in der Suppe ziehen lassen. Die Fischsuppe mit Pernod abschmecken und mit den Tomatenwürfeln und dem Fenchelgrün dekoriert servieren. Dazu Weißbrot reichen.

Diese Fischsuppe ist eine Variante der berühmten Marseiller »Bouillabaisse«. Möchten Sie zur Suppe eine stilechte Rouillesauce servieren, gibt es dafür eine ganz schnelle Version: Sie brauchen nur Mayonnaise mit Harissa und abgezogenem, fein geriebenem Knoblauch zu vermischen.

Fischersalat auf Blattsalaten

Für 4 Personen

400 g gemischtes Fischfilet · Fenchelsamen · 1 EL Weißweinessig · Salz
1 Fenchelknolle · 1 Möhre · 1 Zucchini · 100 g geschälte Nordseekrabben · Öl
100 g gemischte Blattsalate · 2 EL Balsamicoessig · 4 EL Olivenöl · Pfeffer

Zubereitung

1 Den Fisch vorsichtig waschen, trockentupfen und in 2 Zentimeter große Stücke schneiden. 200 Milliliter Wasser mit den Fenchelsamen, dem Essig und etwas Salz aufkochen. Den Fisch 2 Minuten bei geringer Hitze ziehen lassen, herausheben und abkühlen lassen.

2 Das Gemüse putzen, waschen und klein schneiden. In kochendem Salzwasser kurz blanchieren, abschrecken und gut abtropfen lassen. Die Krabben in etwas Öl kurz anbraten.

3 Die Blattsalate waschen. Den Essig mit dem Olivenöl, Salz, Pfeffer und etwas Fischfond zu einer Vinaigrette verrühren und den Fisch, die Krabben und das Gemüse untergeben.

4 Die Salatblätter gleichmäßig auf 4 Tellern verteilen. Den Fischersalat darauf anrichten und alles mit dem zurückgelegten Fenchelgrün bestreuen.

Welchen Fisch Sie für dieses Gericht verwenden, ist im Prinzip egal. Er sollte nur möglichst festfleischig sein, damit er beim Garen nicht gleich zerfällt. Gut geeignet sind etwa Seelachs, Rotbarsch und der feine Zander.

Servieren Sie zum Fischersalat aufgeschnittenes Baguette.

Kerbel

Das zarte Kraut mit den fein gefiederten Blättchen wurde bereits von den alten Römern verwendet, die es als Würzkraut bei uns einführten. Im Gegensatz zu den meisten anderen, aus dem Süden stammenden Kräutern ist Kerbel winterfest, und man kann ihn inzwischen auch bei uns als »Gartenflüchtling« in verwilderter Form antreffen. Kerbel ist ein klassisches Würzkraut der französischen Küche und wird dort vielfach als Einzelgewürz oder als Bestandteil von traditionellen Kräutermischungen verwendet.

Herkunft und Botanik

Kerbel stammt ursprünglich aus Südosteuropa und Westasien, ist aber inzwischen fast überall in der Welt heimisch. Man findet das Kraut in ganz Europa, Amerika, Nordafrika und Ostasien. Sein botanischer Name ist *Anthriscus cerefolium;* er ist einjährig und bildet von Juni bis August kleine weiße Blütendolden. Äußerlich wird Kerbel nicht selten mit der glattblättrigen Petersilie verwechselt.

Sorten

Kerbel gibt es in verschiedenen Sorten, die sich zwar in den jeweiligen Blattformen, nicht aber im Geschmack voneinander unterscheiden. Sowohl die glattblättrigen als auch die gefiederten Kerbelsorten haben ein süßliches, leicht an Anis erinnerndes Aroma.

Sie können den ganzen Sommer über frische Kerbelblätter ernten, wenn Sie etwa alle zwei bis drei Monate neu aussäen.

Kerbel anbauen

Kerbel zieht man am besten als kurzzeitige Kultur mit vier oder fünf über das Jahr verteilten Folgeaussaaten. Die Aussaatzeit im Freien ist von März bis August, im Herbst und Winter lässt sich Kerbel aber auch problemlos auf der Fensterbank kultivieren. Die Saatrillen sollten etwa fünf Millimeter tief sein, und die Samen dürfen nur dünn mit Erde bedeckt werden, da Kerbel zum Keimen viel Licht benötigt. Nach dem Auskeimen müssen die Sämlinge auf Abstände von 20 Zentimetern vereinzelt werden. Die Pflänzchen lieben sonnige, warme Lagen und benötigen bei trockener Witterung viel Wasser. Knospende Blüten und heraussthende Zweige sollten Sie immer gleich abknipsen, damit die Blätter buschiger wachsen.

Ernten Sie von den einzelnen Pflänzchen niemals alle Blätter ab, sondern schneiden Sie gerade so viel, dass die Pflänzchen etwas Grün behalten und lange austreiben können.

Ernte und Aufbewahrung

Etwa sechs bis acht Wochen nach der Aussaat können Sie mit der Ernte beginnen, sollten aber bei häufigem Bedarf immer wieder neu aussäen, da die Pflanzen relativ bald verbraucht sind. Frischer Kerbel bleibt mit etwas Wasser besprüht und in einem verschlossenen Frischhaltebeutel im Gemüsefach des Kühlschranks zwei bis drei Tage frisch. Die zarten Kerbelblättchen eignen sich nicht zum Trocknen, da sie dabei einen Großteil ihres Aromas verlieren, können aber sehr gut tiefgefroren werden (siehe Seite 16).

Kerbel als Heilmittel

Kerbel wird eine appetitanregende, verdauungsfördernde und harntreibende Wirkung zugeschrieben. Außerdem fördert er den Stoffwechsel und reinigt das Blut, weshalb er gerne bei Entschlackungskuren eingesetzt wird.

Rezepte mit Kerbel

Der leicht an Anis erinnernde Kerbelgeschmack passt besonders gut zu feinem jungen Gemüse, etwa zu kleinen, zarten Möhrchen oder zu in Butter geschwenkten neuen Kartoffeln. Auch in Kräuteromeletts entfaltet sich das feine Kerbelaroma sehr gut und macht auf diese Weise einfache Gerichte zu einer kleinen Delikatesse. Eine weitere Verwendungsmöglichkeit für die zarten Blättchen sind zahlreiche Kräutersaucen, die erst durch Kerbel den letzten Pfiff bekommen. So ist er beispielsweise aus der berühmten Frankfurter »Grünen Sauce« nicht wegzudenken. Als Dekoration eignet sich Kerbel auch für Kartoffelmus, angemachten Quark, hart gekochte Eier, Cremesuppen oder helle Saucen. Kerbelbutter schmeckt ausgezeichnet zu frischem Lachs und Kalbsschnitzeln.

Piccata vom Kalb mit Spargel und Kerbel

Für 4 Personen

1/2 Bund Kerbel · 8 Stangen weißer Spargel · 8 Stangen grüner Spargel · Salz Zucker · Zitronensaft · 100 g Sahne · 40 g Mehlbutter · frisch gemahlener Pfeffer 8 Kalbsmedaillons à 60 g · 2 Eier · Mehl · Öl · 50 g geriebener Hartkäse

Zubereitung

1 Den Kerbel waschen und trockentupfen. Die Blättchen fein hacken.

2 Den weißen Spargel schälen. Beide Spargelsorten in 5 bis 6 Zentimeter lange Stücke schneiden und getrennt in Salzwasser zusammen mit Zucker und Zitronensaft bissfest kochen.

3 Die Sahne mit 200 Milliliter Spargelsud aufkochen und mit der Mehlbutter binden. Mit Salz und Pfeffer abschmecken, den Kerbel unterrühren.

4 Die Medaillons waschen, trockentupfen und mit Salz und Pfeffer einreiben.

5 Die Eier verquirlen. Das Fleisch zuerst in Mehl, dann in den Eiern wenden und in heißem Öl von beiden Seiten bei schwacher Hitze zartrosa braten.

6 Den Spargel auf 4 Tellern verteilen und mit der Sauce übergießen. Die Medaillons darauf anrichten, mit dem Käse bestreuen und zu kleinen gebratenen Kartoffeln servieren.

Gebratene Käseknödel mit Kerbel

Fines herbes (feine Kräuter) sind eine Kräuterkombination aus der klassischen französischen Küche. Sie besteht aus Estragon, Kerbel, Petersilie und Schnittlauch und wird für helle Saucen, Fisch, Fleisch, Eiergerichte und Kräuterbutter verwendet.

Für 4 Personen

100 g Kartoffeln · Salz · 1 Zwiebel · Butterschmalz · 1/2 Bund Kerbel · 300 g Brötchen · 200 ml Milch · 2 Eier · 60 g Mehl · 200 g geriebener Hartkäse · Muskatnuss

Zubereitung

1 Die Kartoffeln waschen, in Salzwasser weich kochen, pellen und durch die Kartoffelpresse drücken.

2 Die Zwiebel abziehen, würfeln und im heißen Butterschmalz anschwitzen.

3 Den Kerbel waschen und trockentupfen. Die Blättchen abzupfen und fein hacken.

4 Die Brötchen fein würfeln. Die Milch gut mit den Eiern verquirlen, über die

Brötchenwürfel gießen, alles gut vermischen und 10 Minuten ziehen lassen.
5 Kerbel, Zwiebelwürfel, Kartoffelmus, Mehl und Käse zur Brötchenmasse geben, alles mit den Händen gut vermengen und kräftig mit Salz und Muskat würzen.
6 Aus der Masse mit den Händen kleine Kugeln formen und die Kugeln in heißem Butterschmalz rundherum goldbraun braten. Die Käseknödel zu einem gemischten Salat mit Kräutervinaigrette reichen.
Die Käseknödel können Sie aber auch sehr gut als Einlage in einer Fleischbrühe, Bier- oder Weincremesuppe servieren.

Kartoffelcarpaccio mit Frühlingszwiebeln

Für 4 Personen
800 g Kartoffeln · 1 Knoblauchzehe · 100 g Butter · Salz · frisch gemahlener Pfeffer · Muskatnuss · 1 Bund Frühlingszwiebeln · 100 g Erbsen · 100 g Crème fraîche
1/2 Bund Kerbel

Zubereitung
1 Die Kartoffeln schälen, waschen und in hauchdünne Scheiben hobeln. Die Scheiben kurz in reichlich kochendem Wasser blanchieren, kalt abschrecken und in einem Sieb abtropfen lassen.
2 Den Knoblauch halbieren. 4 feuerfeste Teller damit ausreiben und mit etwas Butter bestreichen.
3 Die Kartoffelscheiben dachziegelartig auf den Tellern verteilen, mit Salz, Pfeffer und Muskatnuss bestreuen und im vorgeheizten Backofen bei 200 °C (Gas Stufe 3–4, Umluft 180 °C) goldgelb backen.
4 Die Frühlingszwiebeln waschen, putzen und in feine Ringe schneiden. Die restliche Butter erhitzen und die Frühlingszwiebeln darin glasig anschwitzen. Die Erbsen und die Crème fraîche zufügen und unterrühren.
5 Den Kerbel waschen und trockentupfen. Die Blättchen abzupfen, fein hacken, zu den Frühlingszwiebeln geben und alles mit Salz und Pfeffer abschmecken.
6 Das Kartoffelcarpaccio mit dem Gemüse zu gebratenen Saiblingsfilets oder zu gebackenen Kalbskoteletts servieren.

Mit Salz, Pfeffer und Kerbel gewürzte Butter passt ausgezeichnet zu Kalbsschnitzelchen oder zu geräucherten Lachsscheiben.

Pfifferlinge in Kerbelcreme

Für 4 Personen

1 Bund Kerbel · 400 g Pfifferlinge · 1 Zwiebel · 3 EL Butter · 200 ml Gemüsebrühe oder Bouillon · 200 g Sahne · Salz · frisch gemahlener Pfeffer · Muskatnuss 20 g Mehlbutter · 3 EL geschlagene Sahne

Zubereitung

1 Den Kerbel waschen, trockentupfen und die Blätter von den Stielen zupfen. Blätter und Stiele getrennt voneinander fein hacken. Die Pfifferlinge putzen, mit einem feuchten Tuch säubern und große Pilze zerkleinern.

2 Die Zwiebel abziehen und fein würfeln. 1 Esslöffel Butter erhitzen und die Zwiebelwürfel darin anschwitzen. Die Kerbelstiele zugeben, mit der Brühe auffüllen und 10 Minuten bei schwacher Hitze kochen.

3 Die Sahne zufügen, mit Salz, Pfeffer und Muskatnuss kräftig würzen und die Kerbelcreme mit der Mehlbutter binden. Die Kerbelblättchen unterrühren.

4 Die Pfifferlinge in der restlichen Butter bei mittlerer Hitze kurz braten. Die Kerbelcreme mit der geschlagenen Sahne verfeinern, auf 4 Tellern anrichten und die Pilze darüber streuen. Zu den Pfifferlingen schmecken Reiberdatschi (Kartoffelpuffer) oder Rösti.

Grünweiße Kerbelsuppe

Für 4 Personen

150 g Kartoffeln · 1 Zwiebel · 1 Bund Kerbel · 40 g Butter · 0,7 l Bouillon oder Gemüsebrühe · Salz · frisch gemahlener Pfeffer · Muskatnuss · 100 g Sahne

Köstlich schmeckt die Suppe auch, wenn Sie noch einige Brotcroûtons darüber streuen oder kleine mit Käse überbackene Baguettescheiben dazu reichen.

Zubereitung

1 Die Kartoffeln schälen, waschen und vierteln. Die Zwiebel abziehen und fein hacken. Den Kerbel waschen und trocknen. Die Blättchen fein hacken und die Stängel beiseite legen.

2 Die Zwiebeln in der Butter glasig anschwitzen. Die Kartoffelscheiben und Kerbelstängel zufügen, mit der Brühe auffüllen und bei schwacher Hitze 20 Minuten zugedeckt kochen.

3 Die Suppe fein pürieren, mit Salz, Pfeffer und Muskat würzen. Eine Hälfte der Suppe mit der Sahne verfeinern, in die andere den Kerbel rühren und beide getrennt erhitzen. Die Suppen in 4 Teller verteilen und mit einem Holzstäbchen Muster dazwischen ziehen.

Rühreier mit Kerbel und Egerlingen

Für 4 Personen

1/2 Bund Kerbel · 400 g Egerlinge · 60 g Butter · Salz · frisch gemahlener Pfeffer
8 Eier · 4 EL Sahne

Zubereitung

1 Den Kerbel waschen, trockentupfen und die Blättchen fein hacken. Die Pilze putzen, säubern und in Scheiben schneiden.

2 Die Pilze in der Hälfte der Butter 4 Minuten braten, anschließend salzen und pfeffern und etwas Kerbel darüber streuen.

3 Die Eier mit der Sahne, dem übrigen Kerbel, Salz und Pfeffer verquirlen. Die restliche Butter in einer beschichteten Pfanne erhitzen, die Eiermasse hineingießen.

4 So lange rühren, bis die Eier cremig sind. Die Pilze untermischen und dazu Bauernbrot servieren.

Natürlich können Sie statt der Egerlinge auch frische Champignons, Pfifferlinge oder andere Pilze, die gerade Saison haben, verwenden.

Pfifferlinge mit Kerbel sind eine unschlagbare Kombination. Probieren Sie!

Koriander

Der Name dieser Würzpflanze, deren Blätter im Aussehen ein wenig an Petersilie erinnern, leitet sich ab von dem griechischen Wort »koris«, was so viel wie »Wanze« bedeutet. Und tatsächlich ist der Geruch des frischen Krauts am ehesten als »wanzenartig« zu beschreiben. Aus diesem Grund wird Koriander im Volksmund des Öfteren auch »Wanzendill« oder »Wanzenkraut« genannt. Und wenn von »Cilantro« die Rede ist, ist damit das Koriandergrün gemeint.

Herkunft und Botanik

Ursprünglich stammt Koriander aus Kleinasien und Nordafrika. Heute ist das Koriandergrün ein wichtiges Würzkraut in der lateinamerikanischen und asiatischen Küche und wird dort auch in großem Umfang kultiviert, ebenso in Marokko, Ungarn, Osteuropa, Italien und Frankreich. In Europa spielte das Kraut als Küchengewürz eine eher geringe Rolle, wird aber mit wachsender Beliebtheit exotischer Gerichte immer häufiger auch bei uns eingesetzt. Der botanische Name des Korianders ist *Coriandrum sativum*; er gehört zur Familie der Doldenblütler. Ausgewachsen ist die Pflanze bis zu 50 Zentimeter hoch, ihre Blütezeit ist von Juli bis September.

Die Samen des Korianders verbreiten einen etwas unangenehmen Geruch nur, wenn sie noch unreif sind. Beim Heranreifen entwickelt sich dann das typische süße Aroma des Korianders.

Sorten

Vom Koriander gibt es nur eine Sorte, unterschiedlich in Geschmack und Verwendung sind nur die Früchte und Blätter der Pflanze. Die Korianderblättchen und -stängel verströmen einen sehr eigenen Geruch, der nicht jedermanns Sache ist. Die Samen hingegen sind sehr aromatisch, ihr Geschmack ist angenehm süßlich und erinnert entfernt an den von Orangenschalen.

Koriander anbauen

Im Frühjahr werden die Samen ausgesät und etwa fünf Zentimeter tief in die Erde gedrückt. Nach dem Auskeimen müssen die Pflänzchen auf einen Abstand von 15 bis 20 Zentimetern vereinzelt werden. Für einen normalen Haushalt reichen ein bis zwei Pflanzen aus, so dass es einfacher ist, bereits vorgezogene Jungpflänzchen im Gartenfachhandel zu kaufen. Die Pflänzchen mögen es sonnig und warm und dürfen nicht zu viel gegossen werden.

Ernte und Aufbewahrung

Die Korianderblätter werden nur frisch zum Würzen genutzt, denn man kann sie weder trocknen noch tiefgefrieren. Wenn Sie nicht nur die Blättchen, sondern auch die Samen verwenden wollen, sollten Sie diese ausreifen lassen und nach der Ernte trocknen. Der Trocknungsvorgang ist bei Koriandersamen sehr wichtig, denn erst dabei entwickeln die runden Körnchen ihr ansprechendes Aroma. Das frische Kraut wird am besten mitsamt den Wurzeln geerntet und in kaltes Wasser gestellt oder in feuchtes Küchenpapier eingewickelt und im Kühlschrank aufbewahrt, wo es für etwa zwei Tage frisch bleibt.

Koriander als Heilmittel

Koriandersamen sind Bestandteil von Teemischungen, die Blähungen und Magenverstimmungen lindern. Mit Ingwer und Honig gewürzter Koriandertee hilft außerdem bei Erkältungskrankheiten.

In Asien, wo Koriander ein beliebtes und oft verwendetes Würzmittel ist, nennt man dieses Kraut auch »Chinesische Petersilie«.

Rezepte mit Koriander

Mit Koriandergrün würzt man in Lateinamerika – und dort vor allem in der mexikanischen Küche – verschiedene Saucen, Gemüsegerichte, Salate und Fisch. In Asien, insbesondere in Indien, verwendet man die grünen Blättchen zum Würzen von Currys, Reisgerichten, Suppen, Lamm und Geflügel. Auch die klein gehackten Wurzeln werden dort meist mitgekocht. Die gemahlenen Koriandersamen sind Bestandteil des Currypulvers, mit dem man in Europa Brot, Lebkuchen und Spekulatius, aber auch Fleisch- und Wurstwaren würzt. Die Samen geben Wildbeizen sowie manchen Fisch- oder Fleischfonds eine aparte Note.

Spanferkel mit Koriandersauce

Für 4 Personen

1 kg Spanferkel · 1 Knoblauchzehe · 1 TL Korianderkörner · Salz · frisch gemahlener Pfeffer · 300 g Möhren, Lauch und Knollensellerie · 2 EL Öl · 30 g Tomatenmark · 1/2 l brauner Fond · 1 EL Speisestärke · 1 EL fein gehackte Korianderblätter

Bei deftigen Gerichten wie bei diesem Spanferkel ist ein kräftig schmeckendes Gemüse wie der Knollensellerie besonders wichtig. Sein Aroma ist wesentlich stärker als das des Stangenselleries. Er wird deshalb gerne in Suppen oder, wie in diesem Rezept, als Geschmacksgeber verwendet.

Zubereitung

1 Das Spanferkel waschen und trockentupfen. Den Knoblauch abziehen und halbieren, die Korianderkörner in einem Mörser fein zerstoßen. Das Fleisch mit Salz, Pfeffer, Knoblauch und Korianderkörnern rundum einreiben. Die Möhren, den Lauch und den Knollensellerie waschen, putzen und zerkleinern.

2 Das Spanferkel in einem Bräter in heißem Öl rundherum bei starker Hitze anbraten, herausnehmen und warm halten.

3 Das Gemüse im gleichen Bratenfett anbraten. Das Tomatenmark zufügen und mit der Hälfte des Fonds auffüllen. Das angebratene Spanferkel auf das Gemüse legen.

4 Fleisch und Gemüse im vorgeheizten Backofen bei 200 °C (Gas Stufe 3–4, Umluft 180 °C) etwa 1 Stunde braten; dabei das Fleisch immer wieder mit dem Bratenfond übergießen, damit es saftig bleibt. Das Fleisch herausnehmen, warm halten.

5 Die Sauce mit dem restlichen braunen Fond auffüllen und einmal kurz aufkochen. Die Speisestärke mit wenig kaltem Wasser anrühren und die Sauce damit binden. Die Sauce kräftig mit Salz und Pfeffer abschmecken und durch ein Sieb streichen, anschließend nochmals kurz erhitzen.

6 Das Spanferkel aufschneiden, mit der Sauce auf einer tiefen Platte anrichten und den Koriander darüber streuen. Dazu selbst gemachte Semmel- oder Brezenknödel servieren.

Koriander-Chutney

Für 4 Personen

1 Bund Koriander · 1 kleine Mango · 10 g frische Ingwerwurzel · 2–3 Chilischoten
1 EL Erdnussöl · 100 g Kokosflocken · Salz · Zucker · Zitronensaft

noch leicht bitterem Geschmack, der an Chicorée und Endivie erinnert. Im Frühjahr ist häufig auch Freilandlöwenzahn mit dunkelgrünen Blättern und etwas kräftigerem Geschmack erhältlich.

Ernte und Aufbewahrung

Die Blätter des wild wachsenden Löwenzahns schmecken etwas bitterer als die Zuchtformen. Genießbar sind nur die ganz jungen, zarten, herbwürzigen Blättchen, die im April und Mai gesammelt und möglichst sofort verbraucht werden sollten. In Papier eingewickelt bleiben sie im Gemüsefach des Kühlschranks höchstens drei Tage frisch. Wenn Sie Löwenzahn kaufen, achten Sie dabei auf den milchig austretenden Saft an den Stielen, der ein Merkmal für Frische ist; außerdem sollten die Schnittstellen hell und feucht sein. Löwenzahn eignet sich leider weder zum Trocknen noch zum Einfrieren.

Die Hoch-Zeit für Löwenzahnrezepte ist im April und Mai. Jetzt schmecken die zarten jungen Blätter am besten und enthalten die meisten Wirkstoffe.

Löwenzahn als Heilmittel

In Frankreich heißt der Löwenzahn »Pisse-en-lit«, was so viel wie »Bettnässen« bedeutet und auf die stark harntreibende Wirkung des Krauts hinweist. Daneben wird Löwenzahn bei manchen Nierenleiden eingesetzt; er gilt außerdem als leberstärkend und wird u. a. auch zur besseren Durchblutung des Bindegewebes eingesetzt. Wegen seiner entschlackenden Wirkung ist Löwenzahn ideal für eine mehrwöchige Frühjahrskur geeignet. Vor allem für Menschen, die chronisch unter Gallensteinen leiden, kann eine solche Frühjahrskur besonders hilfreich sein.

Rezepte mit Löwenzahn

Die Blätter mit ihrem nussig herben Aroma schmecken sehr gut als Salat mit einer Kräutervinaigrette oder einem Crème-fraîche-Dressing, aber auch in Kombination mit anderen Blattsalaten sind sie eine Bereicherung. Zusammen mit gebratenem Speck ist Löwenzahn eine ausgesprochene Delikatesse. Größere Blätter können wie Spinat zubereitet oder mit diesem kombiniert werden.

Fetamousse mit Löwenzahn

Für 4 Personen

1 rote Paprikaschote · 250 g griechischer Feta · 200 g Naturjoghurt
1/8 l Olivenöl · 1 Knoblauchzehe · Salz · frisch gemahlener Pfeffer
2 Blatt Gelatine · 100 g Löwenzahn · 2 EL Balsamicoessig

Zur Verfeinerung können Sie nach Belieben zusätzlich noch fein gehackte geröstete Haselnüsse über den Löwenzahnsalat streuen.

Zubereitung

1 Die Paprikaschote mit kochendem Wasser überbrühen und abziehen. Das Fruchtfleisch vierteln, entkernen, von den weißen Trennwänden befreien und in kleine Würfel schneiden.

2 Feta, Joghurt und die Paprikaviertel mit dem Stabmixer fein pürieren. Die Hälfte des Olivenöls unterrühren. Den Knoblauch abziehen und in die pürierte Paprika-Joghurt-Mischung pressen. Die Creme nach Geschmack mit Salz und Pfeffer würzen.

3 Die Gelatineblätter kurz in einer Tasse in wenig kaltem Wasser einweichen, gut ausdrücken und in 2 Esslöffel heißem Wasser auflösen. Die aufgelöste Gelatine unter die Fetamasse rühren und die Mousse zugedeckt 2 Stunden in den Kühlschrank stellen.

4 Den Löwenzahn waschen, trockentupfen, verlesen und in mundgerechte Stücke zupfen.

5 Den Essig mit dem restlichen Öl, Salz und Pfeffer zu einer Vinaigrette verrühren. Den Löwenzahn auf 4 Tellern anrichten und mit der Vinaigrette beträufeln.

6 Mit Hilfe von zwei Esslöffeln von der Fetamousse Nocken abstechen, die Löffel dabei immer wieder in heißes Wasser tauchen. Die Fetanocken auf dem Löwenzahn anrichten und zu frischem Fladenbrot servieren. Für dieses Gericht sollten Sie unbedingt nur ganz junge frische Löwenzahnblätter verwenden.

Löwenzahntartelettes

Für 8 Stück

250 g Mehl · 125 g Butter · 2 Eier · Salz · 200 g Löwenzahn · 100 ml Milch
150 g Magerquark · frisch gemahlener Pfeffer · Muskatnuss · Öl und Grieß für die Förmchen · Mehl zum Ausrollen

Zubereitung

1 Das Mehl auf die Arbeitsfläche sieben. Die Butter klein schneiden und zufügen. Butter und Mehl mit einer Gabel verreiben, bis sich eine krümelige Masse bildet. Einen Kranz daraus formen und in die Mitte 1 Ei, 1 Esslöffel Wasser und etwas Salz geben. Alles rasch zu einem Teig verarbeiten, den Teig aber nicht kneten. Zu einer Kugel formen, in Folie wickeln und im Kühlschrank 2 Stunden ruhen lassen.

2 Den Löwenzahn waschen, blanchieren, kalt abschrecken, abtropfen lassen, gut ausdrücken und grob hacken. Die Milch mit dem Quark und dem restlichen Ei verrühren. Den Löwenzahn unterrühren und alles mit Salz, Pfeffer und Muskatnuss würzen.

3 8 Tarteletteförmchen mit Öl ausstreichen und mit Grieß ausstreuen. Den Teig auf einer bemehlten Arbeitsfläche ausrollen, Kreise von 12 Zentimeter Durchmesser daraus ausstechen, die Teigkreise in die Förmchen geben, leicht andrücken und den Boden mit einer Gabel mehrmals einstechen.

4 Die Löwenzahnmasse auf dem Teig verteilen und die Tartelettes im vorgeheizten Backofen bei 180 °C (Gas Stufe 2–3, Umluft 160 °C) etwa 20 Minuten backen.

Die Muskatnuss ist die Frucht des immergrünen Muskatnussbaums, der nur in tropischen Regionen wächst. Verwenden Sie die Nuss zum Würzen möglichst immer frisch gerieben, da das fertige Pulver weit weniger aromatisch ist.

Servieren Sie zu den Löwenzahntartelletes einen trockenen, gut gekühlten Weißwein.

Majoran

Die beiden Würzkräuter Majoran und Oregano sind nicht nur botanisch eng miteinander verwandt, sondern ähneln einander auch sehr stark im Geschmack. Der etwas mildere Majoran, der für den Gartenanbau kultiviert wurde und ein Abkömmling des robusten, in südlichen Regionen auch wild wachsenden Oreganos ist, wird volkstümlich auch »Bratenkräutel«, »Meiran«, »Maigron«, »Meran« oder »Wurstkräutel« genannt und war schon zur Zeit der Antike im gesamten Mittelmeerraum bekannt und beliebt. Über die Benediktinermönche gelangte die Pflanze im Mittelalter auch zu uns.

Herkunft und Botanik

Majoran hat seine ursprüngliche Heimat in Vorderindien und Kleinasien. Als »Gartenflüchtling« kann man ihn gelegentlich auch bei uns an windgeschützten, sonnigen Stellen im Freien finden. Der botanische Name des Majorans ist *Origanum majorana;* er gehört zur Familie der Lippenblütler, ist mehrjährig (wird bei uns aber nur einjährig angebaut) und blüht von Juni bis September. Heute wird Majoran vor allem in Frankreich, Italien, Spanien sowie in Ungarn, Österreich, Rumänien und Polen angepflanzt, in geringem Umfang wird er auch in Deutschland kultiviert.

Majoran kann durchaus auch in unseren kalten Klimazonen wild wachsend angetroffen werden. An sonnigen und windgeschützten Stellen findet man ihn als »Gartenflüchtling«.

Sorten

Neben der Standardpflanze »Deutscher Majoran«, die leicht pfeffrig und bitter schmeckt, gibt es noch den so genannten Kreta-Majoran. Er ist sehr mild im Geschmack und an seinen samtigen Blättern zu erkennen.

Majoran anbauen

Gartenmajoran können Sie schon im März in Töpfe auf der Fensterbank aussäen. Sie sollten die Samen aber nur dünn mit Erde bedecken, da sie zum Keimen viel Licht benötigen. Sobald die Sämlinge groß genug sind, müssen sie auf einen Abstand von sechs bis sieben Zentimetern vereinzelt werden. Nach den Eisheiligen im Mai können Sie die Pflänzchen in Abständen von 20 bis 30 Zentimetern an ihren endgültigen Standort ins Freie setzen. Sie brauchen einen sonnigen, windgeschützten Platz, und der Boden sollte möglichst locker und nährstoffreich sein. Außerdem mögen die Pflänzchen keine Staunässe und sollten auch im Sommer nur sparsam gegossen werden. Die Pflanzen wachsen umso besser, wenn Sie ihnen ab und zu etwas organischen Dünger geben.

Ernte und Aufbewahrung

Im Gegensatz zu vielen anderen Kräutern hat Majoran das meiste Aroma während der Blütezeit zwischen Juni und September. Auch getrocknet behalten die Blättchen ihr Aroma sehr gut. Wenn Sie einen größeren Vorrat an getrocknetem Majoran anlegen wollen, schneiden Sie gegen Ende der Blütezeit die ganzen Stängel kurz über dem Boden ab und hängen sie in Bündeln locker zusammengehalten kopfüber an einem luftigen, sonnengeschützten Platz zum Trocknen auf. Majoran können Sie auch gut einfrieren (siehe Seite 16).

Babys und Kleinkindern bei Erkältungen wirksam zu helfen ist oft ein Problem, da die reinen ätherischen Öle vieler Pflanzen zu scharf für kleine Kinder sind und nicht selten Allergien auslösen. Bewährt hat es sich dagegen, Brust und Hals der Kinder mit der milden Majoransalbe einzureiben.

Majoran als Heilmittel

Majoran hilft bei Verdauungsstörungen und Blähungen, wirkt beruhigend und appetitanregend und wird wegen seiner milden Wirkung bei Erkältungskrankheiten von Säuglingen und Kleinkindern eingesetzt.

Rezepte mit Majoran

Majoran wird im Volksmund auch »Wurstkräutel« genannt, da er sein Aroma besonders gut in kräftigen Fleischgerichten aller Art entfaltet. Auch Tomaten- und Kartoffelgerichten verleiht er einen feinen, würzigen Geschmack. Allerdings ist Majoran wie Oregano ein typisches Einzelgewürz, das den Geschmack anderer Kräuter leicht überdeckt. Er passt aber sehr gut zu dem ebenfalls stark aromatischen Basilikum. Im Gegensatz zu den meisten anderen Kräutern muss Majoran bereits während des Garens zugefügt werden, damit er sein Aroma richtig entfalten kann.

Bayerische Leberknödelsuppe

Für 4 Personen

200 g Rinderleber · 2 Brötchen · 1 kleine Zwiebel · 20 g Butter · 1 EL Öl · 2 Eier
20 g Mehl · 1 EL fein gehackter Majoran · Salz · frisch gemahlener Pfeffer
etwas abgeriebene unbehandelte Zitronenschale · 1 Lorbeerblatt · 0,8 l heiße
Fleischbrühe

Große oder – wie in diesem Rezept – kleine Leberknödel sind eine bayerische Spezialität. Sie werden in der Regel als Einlage in einer kräftigen Fleischbrühe oder -bouillon gegessen und sind äußerst sättigend.

Zubereitung

1 Die Rinderleber waschen, trockentupfen und durch die feine Scheibe des Fleischwolfs drehen. Die Brötchen in 1 Zentimeter große Würfel schneiden. Die Zwiebel abziehen und fein würfeln.

2 Die Zwiebeln in der heißen Butter glasig dünsten. Die gerösteten Zwiebelwürfel herausnehmen und die Hälfte der Brötchenwürfel in heißem Öl rösten.

3 Die Eier verquirlen und über die restlichen Brötchenwürfel gießen. Die Leber gut unter die Brötchen-Ei-Masse mischen und alles 10 Minuten ziehen lassen.

4 Die Zwiebel- und Brötchenwürfel zur Leber-Brötchen-Masse geben und das Mehl untermischen. Den Knödelteig mit Majoran, Salz, Pfeffer und Zitronenschale würzen.

5 In einem Topf reichlich Salzwasser mit dem Lorbeerblatt zum Kochen bringen. Aus der Leber-Brötchen-Masse mit angefeuchteten Händen kleine runde Knödel formen und die Knödel im gerade siedenden Wasser bei schwacher Hitze in etwa 10 Minuten gar ziehen lassen.

6 Die Knödel mit der Schaumkelle herausnehmen, abtropfen lassen, in Suppentellern anrichten und mit der heißen Brühe auffüllen.

Karpfengulasch

Für 4 Personen

50 g Butter · 2 EL fein gehackter Majoran · 600 g Karpfenfilet · Saft von 1 Zitrone
50 g durchwachsener Bauchspeck · 1 rote Paprikaschote · 2 Zwiebeln · Salz
frisch gemahlener Pfeffer · Mehl · Öl · 20 g edelsüßes Paprikapulver · 4 TL Tomatenmark · 100 ml Weißwein · 100 ml Fischfond oder Bouillon · 200 g Sauerrahm

Zubereitung

1 Die Butter mit dem gehackten Majoran vermischen und kühl stellen.

2 Die Karpfenfilets waschen, trockentupfen, in Streifen schneiden und mit Zitronensaft beträufeln. Den Speck fein würfeln. Die Paprikaschote waschen, entkernen und in kleine Würfel schneiden. Die Zwiebel abziehen und fein hacken.

3 Die Karpfenstreifen mit Salz und Pfeffer würzen, in Mehl wenden und in heißem Öl auf beiden Seiten bei mittlerer Hitze kurz braten. Den Fisch herausnehmen und warm stellen.

4 Die Zwiebel- und Speckwürfel im Bratenfett andünsten und die Paprikawürfel zugeben. Paprikapulver und Tomatenmark unterrühren, mit dem Weißwein ablöschen und mit dem Fischfond auffüllen. Die Sauce bei schwacher Hitze etwa 5 Minuten kochen.

5 Den Sauerrahm mit 1 Esslöffel Mehl vermischen und unter die Sauce rühren. Die Karpfenstreifen dazugeben und in der Sauce erwärmen. Zuletzt die Majoranbutter unterrühren und das Karpfengulasch zu Salzkartoffeln und Kopfsalat reichen.

Der nicht ganz magere Karpfen ist traditionell eigentlich ein Weihnachts- oder Silvesterfisch. Er ist in der Regel zwischen 35 und 45 Zentimeter lang und wiegt bis über sieben Kilogramm.

Salzkartoffeln und Salat sind neutrale Beilagen zum Karpfengulasch, durch die sich der Geschmack des Fisches gut entfalten kann.

Oregano

Der robuste Oregano, der auch »Wilder Majoran« oder »Dost« genannt wird und etwas kräftiger und herber im Geschmack ist als sein kultivierter »Bruder« Majoran, verbindet sich wie kaum ein anderes Würzkraut mit der Mittelmeerküche Italiens und Griechenlands. Mit seinem intensiven, überaus würzigen Aroma hat er sich inzwischen längst auch einen festen Platz in unseren Küchen erobert.

Herkunft und Botanik

Oregano ist ursprünglich in Vorderindien und Kleinasien beheimatet. Von dort gelangte das Kraut nach Ägypten, in die Mittelmeerländer und schließlich über die Alpen zu uns. Inzwischen ist Oregano in ganz Europa heimisch, wild wachsend kommt er jedoch nur in den warmen südeuropäischen Ländern vor. Der botanische Name des Oreganos ist *Origanum vulgare;* er gehört zur Familie der Lippenblütler, ist mehrjährig und blüht von Juni bis September. Die Pflanze erreicht eine Höhe von bis zu 50 Zentimetern.

Mittlerweile kann man Oreganopflänzchen auch im Supermarkt kaufen. Diese Pflänzchen sind nur für den schnellen Verbrauch gedacht und eignen sich nicht zum Umtopfen.

Sorten

Oregano weist hinsichtlich Duft und Geschmack starke Ähnlichkeiten mit dem Majoran auf und schmeckt wie dieser leicht pfeffrig bitter. Beim Oregano gibt es eine kleinblättrige Sorte, deren Blätter mild und erfrischend sind, sowie den Griechischen Oregano, der mit seinem eher scharfen, starken Geschmack an Thymian erinnert, und den besonders aromaintensiven Mexikanischen Oregano.

Oregano anbauen

Oregano können Sie in der Wohnung schon im März in Töpfe aussäen und mit einer Folie bedeckt keimen lassen. Sobald die Sämlinge groß genug sind, müssen die Pflänzchen auf Abstände von sechs bis sieben Zentimetern vereinzelt werden. Ab Ende Mai können Sie die Pflanzen in Abständen von 20 bis 25 Zentimetern an ihren endgültigen

Petersilie anbauen

In der Wohnung können die Petersiliensamen ab Ende Februar in fünf bis zehn Millimeter tiefe Saatrillen ausgesät werden. Sie brauchen allerdings viel Zeit zum Keimen und gehen manchmal erst nach mehreren Wochen auf. Sobald die Sämlinge groß genug sind, vereinzelt man sie auf Abstände von sieben bis neun Zentimetern und setzt sie ab Ende März/Anfang April ins Freie. Petersilie wächst in eher karger Erde und an schattigen Plätzen, sollte aber besonders im Hochsommer immer feucht gehalten werden.

Schwangere sollten wegen der leicht wehenfördernden Wirkung dieses Küchenkrautes auf den übermäßigen Genuss von Petersilie verzichten.

Ernte und Aufbewahrung

Warten Sie mit der Ernte, bis Ihre Petersilienpflänzchen kräftig genug sind, und schneiden Sie von einer Pflanze immer nur einige Stängel ab, damit sie kräftig bleibt und wieder neu austreiben kann. Sobald sich die ersten Blütenansätze zeigen, sollten Sie diese sofort vollständig entfernen. Petersilie hält sich einige Tage frisch, wenn man sie wie ein Sträußchen Blumen in ein Glas Wasser stellt. Klein geschnitten lässt sie sich sehr gut tiefgefrieren (siehe Seite 16). Zum Trocknen eignet sich Petersilie dagegen nicht, da sie dabei ihr typisches Aroma einbüßt.

Petersilie als Heilmittel

Petersilie fördert die Verdauung, wirkt allgemein schleimlösend, regt die Nierenfunktion an und hilft bei verzögert einsetzender Menstruation.

Rezepte mit Petersilie

Petersilie ist ein echtes Allroundgewürz – würzig und kräftig im Aroma, hat sie dennoch keinen aufdringlichen Eigengeschmack. Petersilie gehört zum klassischen Kräutersträußchen und ist Bestandteil von Kräutersaucen und Kräuterbutter. Fein gehackte Petersilienblätter würzen Suppen, Saucen, Eierspeisen, Kartoffelgerichte, Hülsenfrüchte, Marinaden und Fleisch-, Geflügel- oder Fischgerichte. Die Stiele können Sie gut für Fonds und Brühen verwenden.

Petersilienblättchen sollten Sie immer erst auf die fertig gegarten Gerichte streuen, da beim Erhitzen die Aroma- und Inhaltsstoffe verloren gehen.

Tafelspitz in Vinaigrette

Für 4 Personen

600 g Tafelspitz · 1 Bund Suppengrün · Salz · einige Pfefferkörner · 1 Lorbeerblatt
400 g Kartoffeln · 1/2 Bund glatte Petersilie · 6 EL Distelöl · 3 EL Rotweinessig

Die Tafelspitzbrühe können Sie z. B. mit einer Einlage aus Grießnockerln oder auch mit Semmelknödeln als feine Suppe servieren.

Zubereitung

1 Das Fleisch waschen, in 2 Liter kochendes Wasser geben und bei schwacher Hitze etwa 2 Stunden zugedeckt garen, dabei die Brühe mit einer Schaumkelle ab und zu abschäumen.

2 Das Suppengrün waschen, putzen, grob schneiden und nach 1 1/2 Stunden Garzeit zusammen mit etwas Salz, den Pfefferkörnern und dem Lorbeerblatt zum Tafelspitz geben.

3 Inzwischen die Kartoffeln waschen, in Salzwasser in etwa 20 Minuten weich kochen und abgießen. Die Kartoffeln etwas abkühlen lassen, pellen und in Scheiben schneiden.

4 Die Petersilie waschen, trockentupfen und die Blätter fein hacken.

5 Aus etwas Tafelspitzbrühe, Distelöl, Rotweinessig, Salz und der Petersilie eine Sauce rühren und die Kartoffelscheiben in der Hälfte der Sauce marinieren.

6 Das Fleisch aus der Brühe nehmen und in dünne Scheiben schneiden.

7 Das Suppengrün sehr klein würfeln und mit der restlichen Marinade gründlich vermischen.

8 Die Tafelspitzscheiben auf 4 Tellern anrichten und mit der Gemüsemarinade übergießen. Die Kartoffelscheiben dazulegen.

Petersilienmousse

Für 4 Personen

je 100 g glatte und krause Petersilie · 1/2 mittelgroße Zwiebel · 1 Blatt Gelatine 1 EL Butter · 400 g Sahne · Salz · frisch gemahlener Pfeffer

Zubereitung

1 Die Petersilie waschen, trockentupfen, die groben Stiele entfernen und die Blätter fein hacken. Die Zwiebel abziehen und in feine Würfel schneiden.

2 Die Gelatine in etwas kaltem Wasser einweichen.

3 Die Zwiebelwürfel in der heißen Butter glasig anschwitzen. Die Petersilie und 200 Gramm Sahne zugeben und bei schwacher Hitze etwa 5 Minuten köcheln.

4 Die Gelatine ausdrücken, in der Sauce auflösen und alles im Mixer pürieren.

5 Das Petersilienpüree nach Belieben mit Salz und Pfeffer abschmecken und auf Eis abkühlen lassen.

6 Sobald das Püree zu gelieren beginnt, die restliche Sahne steif schlagen, unterheben und die Petersilienmousse im Kühlschrank fest werden lassen.

7 Einen Löffel in heißes Wasser tauchen und von der Petersilienmousse Nocken abstechen. Die Nocken auf 4 Tellern anrichten und zu einem Tomatensalat und dunklem Brot servieren.

Blumenkohl auf polnische Art

Für 4 Personen

1 Blumenkohl · Salz · Saft von 1/2 Zitrone · 1/2 Bund Petersilie · 2 hart gekochte Eier · 120 g Butter · 30 g Semmelbrösel · frisch gemahlener Pfeffer

Zubereitung

1 Den Blumenkohl in Röschen teilen, waschen und in Salz-Zitronen-Wasser bissfest kochen.

2 Die Petersilie waschen, trockentupfen und hacken. Die Eier fein hacken. Die Butter zerlassen, Eier und Semmelbrösel einrühren, mit Salz und Pfeffer würzen und die Petersilie zugeben.

3 Die Blumenkohlröschen auf 4 Tellern anrichten und mit der Sauce übergießen.

Der Blumenkohl schmeckt gut zu Dampfkartoffeln oder als Bestandteil einer Gemüseplatte. Sie können auch Spargel oder Romanesco auf polnische Art zubereiten und zu gebratenem Fleisch servieren.

Kalbsfilet mit Kräuteröl

Für 4 Personen

1/2 l Brühe oder Bouillon · 600 g Kalbsfilet · 200 g Möhren · 8 Stangen Spargel 4 Frühlingszwiebeln · 200 g Spinat · 1 Bund glatte Petersilie · 1 Bund Kerbel Olivenöl · Sherryessig · Salz · frisch gemahlener Pfeffer

Sie können den Sherryessig nach Belieben auch durch Balsamicoessig und das Olivenöl durch Traubenkernöl ersetzen. Die Brühe lässt sich sehr gut für eine Suppe, etwa eine Kräuterrahmsuppe, verwenden.

Zubereitung

1 Die Bouillon aufkochen und das Kalbsfilet 15 Minuten darin garen, herausnehmen und abkühlen lassen.

2 Möhren, Spargel und Frühlingszwiebeln waschen, putzen bzw. schälen, in 5 Zentimeter lange Stücke schneiden, in der Bouillon bissfest kochen, herausnehmen und abkühlen lassen.

3 Den Spinat, die Petersilie und den Kerbel waschen, putzen und trockentupfen sowie die groben Stängel entfernen.

4 Für das Kräuteröl 100 Milliliter vom Kalbsfond mit der Hälfte des Spinats und der Petersilie sowie dem Kerbel im Mixer pürieren. Etwas Olivenöl zugeben und alles mit Sherryessig, Salz und Pfeffer abschmecken.

5 Ein Dressing aus Sherryessig, Olivenöl, Salz und Pfeffer anrühren und das Gemüse und den restlichen Spinat mit der Sauce vermengen.

6 Den Gemüsesalat in der Mitte von 4 großen Tellern anrichten. Das Kalbsfilet sehr dünn aufschneiden, um den Gemüsesalat herumlegen und mit dem Kräuteröl beträufeln.

Petersilienkraftbrühe mit Schwemmklößchen

Für 4 Personen

200 g Rindfleisch (Rinderwade) · 200 g Zwiebeln, Möhren, Lauch, Petersilienwurzel · 1 l Brühe oder Bouillon · 1 Eiweiß · Muskatnuss · Salz · einige Pfeffer- und Pimentkörner · 2 Gewürznelken · 1 Lorbeerblatt · 1/2 Bund glatte Petersilie 60 ml Milch · 10 g Butter · 30 g Mehl · 1 Ei · 15 g gekochte Schinkenwürfel

Zubereitung

1 Das Fleisch waschen, trockentupfen und durch die grobe Scheibe des Fleischwolfs drehen. Die Zwiebeln abziehen. Möhren, Lauch und Petersilienwurzel waschen und putzen bzw. schälen. Alles in feine Scheiben oder Ringe schneiden.

2 In einem schmalen hohen Topf das Gemüse in der Bouillon zusammen mit dem Eiweiß, etwas Muskatnuss, Salz, Pfeffer- und Pimentkörnern, Nelken, Lorbeerblatt und dem Fleisch unter ständigem Rühren einmal aufkochen und ohne zu rühren 90 Minuten bei schwacher Hitze zugedeckt leise kochen lassen.

3 Die Petersilie waschen und mit Küchenpapier trockentupfen. Die Blättchen abzupfen und fein hacken, die Stängel direkt in die Brühe geben.

4 Für die Klößchen Milch, Butter, Salz und etwas Muskatnuss aufkochen. Das Mehl zugeben und so lange rühren, bis sich am Topfboden ein weißer Belag bildet. Den Topf vom Herd nehmen. Ei, Petersilie und Schinkenwürfel untermischen. Mit einem Teelöffel Nocken formen und die Nocken in siedendem Salzwasser 10 Minuten ziehen lassen.

5 Die Kraftbrühe durch ein sauberes Küchentuch passieren, mit Salz und Pfeffer abschmecken und zusammen mit den Schwemmklößchen in 4 Suppentassen anrichten.

Wenn die Suppe etwas mehr Farbe bekommen soll, können Sie noch einige blanchierte Gemüsestreifen als Einlage hineingeben.

Zu dieser Kraftbrühe mit Schwemmklößchen passt sehr gut geröstetes Weißbrot.

Pfefferminze

Keine andere Kräuterart hat durch ihre Sortenvielfalt eine derartig breite Skala an Wohlgerüchen und Geschmacksnuancen zu bieten wie die Pfefferminze, die seit jeher auch als biologisches Mittel gegen alle möglichen Ungezieferarten eingesetzt wird. So war beispielsweise die Pfefferminze mit ihrem durchdringenden Geruch schon früher dafür bekannt, Flöhe zu vertreiben, und fehlte deshalb in keinem Küchengarten.

Herkunft und Botanik

Die meisten der uns bekannten Minzearten stammen aus dem Mittelmeerraum und dem westlichen Asien. Da Minze eine äußerst robuste und vermehrungsfreudige Staude ist, findet man sie inzwischen sowohl wild wachsend als auch als Kulturpflanze weltweit. Der botanische Name der Pfefferminze ist *Mentha piperita;* sie gehört zur Familie der Lippenblütengewächse, ist mehrjährig und wird bis zu 80 Zentimeter hoch.

Sorten

Es gibt zahlreiche Pfefferminzsorten, die durch Kreuzungen entstanden sind, wobei der Name in der Regel auf die Geschmacksnuance hinweist, die für die jeweilige Sorte charakteristisch ist. So gibt es u. a. Ingwerminze, Apfelminze, Orangenminze, Edelminze, Pfefferminze oder auch die Spearminze, die bei der Herstellung von Kaugummi eine wichtige Rolle spielt. Für die Verwendung in der Küche sind vor allem die Pfefferminze und die Grüne Minze von Bedeutung.

Das mit Hilfe von Wasserdampfdestillation gewonnene ätherische Pfefferminzöl wird vor allem in der Likör- und Süßwarenindustrie sowie bei der Herstellung von kosmetischen und pharmazeutischen Präparaten eingesetzt.

Pfefferminze anbauen

Frei im Garten angebaute Minze wächst in der Regel so stark, dass man ihre unkontrollierte Ausbreitung verhindern muss, damit sie nicht den ganzen Garten erobert. Besser ist es, sich drei bis vier Pflanzen in einer Gärtnerei zu besorgen und sie in Töpfen zu kultivieren. Oder Sie lassen sich von

Freunden, die bereits Minze im Garten haben, einige Ableger geben und setzen sie an einem halbschattigen Standort in Abständen von 15 bis 25 Zentimetern in die Erde. Die Pflänzchen brauchen humusreichen, mittelfeuchten Boden und müssen nach dem Einpflanzen reichlich gegossen werden, damit sie gut anwachsen können.

Pfefferminze sollte etwa alle drei Jahre umgesetzt werden, sonst kreuzt sich die Pflanze in ihre Vorstufen zurück und kann von Pfefferminzrost, einer Pflanzenkrankheit, befallen werden.

Ernte und Aufbewahrung

Die Pfefferminzblätter können den ganzen Sommer über geerntet werden, wobei ihr Gehalt an ätherischen Ölen während der Knospenbildung am höchsten ist. Deswegen empfiehlt es sich, Pfefferminzzweige, die getrocknet werden sollen, nur in dieser Zeit zu ernten. Schneiden Sie dafür die Stängel dicht über dem Boden ab, und hängen Sie sie gebündelt kopfüber zum Trocknen auf (siehe Seite 16). Wenn Sie auch im Winter nicht auf die frischen Blättchen verzichten möchten: Sie können Pfefferminze gut tiefgefrieren.

Pfefferminze als Heilmittel

Pfefferminze hilft bei allen Arten von Magen-Darm-Beschwerden, Übelkeit oder Brechreiz. Außerdem fördert Pfefferminze als Tee getrunken den Gallenfluss und regt die Gallenproduktion an. Das ätherische Öl der Pflanze wird in Form von Inhalationen oder direkt aufgetragen zur Linderung von Kopfschmerzen und bei Erkältungsbeschwerden eingesetzt.

Rezepte mit Pfefferminze

Der erfrischende Geschmack der Pfefferminze passt besonders gut zu sommerlichen Salaten, Erbsen und Möhren, Spinat und jungen Bohnen sowie zu süßen Desserts aller Art. Früchtekreationen oder Sorbets werden durch Minze zu erfrischenden Köstlichkeiten, und frische Pfefferminzblättchen eignen sich ausgezeichnet zu Dekorationszwecken. Berühmt ist die englische Minzsauce, die zu Fleischspeisen gereicht wird. In arabischen Ländern sind Gerichte mit Minze, Knoblauch und Lammfleisch eine geradezu klassische Kombination.

Lammspießchen mit Minze

Für 4 Personen

300 g Lammfleisch (aus der Keule) · 2 kleine Zwiebeln · 1 kleine Zucchini
2 Fleischtomaten · 2 EL grob gehackte Pfefferminzblättchen · Olivenöl · Salz
frisch gemahlener Pfeffer

Servieren Sie zu den Spießchen Pilawreis oder Fladenbrot und einen Joghurtdip aus Sahnejoghurt, gehackten Pfefferminzblättern, Salz, Pfeffer und – nach Belieben – fein geriebenem Knoblauch.

Zubereitung

1 Das Lammfleisch waschen, trockentupfen und in Würfel schneiden. Die Zwiebeln abziehen und vierteln. Zucchini und Tomaten waschen und in Scheiben schneiden.

2 Lammfleisch, Zwiebeln, Zucchini und Tomaten abwechselnd auf 4 Spieße stecken.

3 Das Olivenöl mit den Pfefferminzblättern mischen und die Spieße darin 2 bis 3 Stunden marinieren.

4 Die Spieße aus der Marinade nehmen, salzen und pfeffern und auf dem Grill oder in der Pfanne von allen Seiten braten.

Riesengarnelen mit Pfefferminzsauce

Für 4 Personen

12 Riesengarnelen · Saft von 1 Zitrone · 300 ml Fischfond · 1 Bund Pfefferminze
50 g Lauch · 2 Möhren · 50 g Champignons · 50 g Butter · Salz · frisch gemahlener
Pfeffer · 100 g Sahne · 100 ml trockener Weißwein

Zubereitung

1 Die Garnelen aus den Schalen lösen, am Rücken einschneiden und den Darm entfernen. Mit Zitronensaft marinieren und kühl stellen.

2 Die Garnelenschalen in den Fischfond geben. Den Fond aufkochen und 30 Minuten bei schwacher Hitze ziehen lassen.

3 Die Pfefferminze waschen, trocknen, abzupfen und die Hälfte der Blätter klein schneiden.

4 Lauch und Möhren waschen, putzen und in dünne Streifen schneiden. Die Champignons säubern, putzen und in dünne Scheiben schneiden.
5 Die Lauch- und die Möhrenstreifen in 1 Esslöffel Butter bei schwacher Hitze etwas andünsten. Die Champignonscheiben zugeben, alles mit Salz und Pfeffer würzen und das Gemüse bei schwacher Hitze in einigen Minuten zugedeckt bissfest garen.
6 Den Fischfond durch ein Sieb in einen Topf gießen, die Sahne zufügen und kurz aufkochen. Die Garnelen in der restlichen Butter bei mittlerer Hitze unter Wenden von allen Seiten braten, mit Salz und Pfeffer würzen, herausnehmen und warm halten.
7 Den Bratensatz mit dem Weißwein ablöschen und in die Sahnesauce einrühren. Die Pfefferminzstreifen dazugeben.
8 Das Gemüse auf 4 Tellern anrichten und die gebratenen Garnelen darauf setzen. Die Sauce darüber verteilen und mit der Hälfte der restlichen Pfefferminzblättchen garnieren.

Einen Hauch von Haute Cuisine zaubern Sie in Ihre Küche, wenn Sie die Garnelen nach dem Braten noch mit Cognac flambieren.

Kaki-Orangen-Salat mit Minze

Für 4 Personen

4 Kaki · 4 kleine Orangen · Saft von 1 Orange · 2 EL Minzeblättchen · abgeriebene Schale von 1/2 unbehandelten Zitrone · 1 TL grüne Pfefferkörner

Zubereitung

1 Die Haut von den Kaki abziehen und die Stielansätze entfernen. Die Früchte vierteln und in 1 Zentimeter dicke Scheiben schneiden.
2 Die Orangen schälen und die Filets zwischen den weißen Häutchen herauslösen. Die Orangenfilets zu den Kakischeiben geben und den Orangensaft darüber gießen.
3 Die Minzeblättchen waschen, trockentupfen, fein hacken und zum Kakisalat geben.
4 Die Zitronenschale und die grünen Pfefferkörner zufügen und gründlich untermischen. Den Salat einige Minuten ziehen lassen.
5 Den Fruchtsalat auf 4 Desserttellern anrichten und zu Joghurteis servieren.

Englische Pfefferminzsauce (Mintsauce)

Für 4 Personen

2 Stiele Pfefferminze · 80 g brauner Zucker · 100 ml Weißweinessig
2 cl Pfefferminzlikör

Die englische Mintsauce ist in ihrer Heimat eine unverzichtbare Zutat zu jeder Art von gedünstetem Lamm- oder Hammelfleisch, zu dem das leicht scharfe Aroma der Pfefferminze auch sehr gut passt.

Zubereitung

1 Die Pfefferminze waschen und trockentupfen. Die Blätter von den Stängeln zupfen und grob hacken.

2 Den Zucker mit 5 Esslöffeln Wasser und dem Weißweinessig in einem kleinen Topf unter Rühren einmal kurz zum Kochen bringen, vom Herd nehmen und gut abkühlen lassen.

3 Die Minzeblätter in die abgekühlte Flüssigkeit geben und alles im Mixer fein pürieren.

4 Die Sauce mit dem Pfefferminzlikör abschmecken und bis zum Servieren in den Kühlschrank stellen. Die Pfefferminzsauce zu gedünstetem Lamm- oder Hammelfleisch servieren.

Pfefferminz-Ingwer-Chutney

Für 2 Gläser à 0,2 l Inhalt

500 g Stachelbeeren oder Rhabarber · 1 Stück frische Ingwerwurzel · 2 Zwiebeln
200 g brauner Zucker · 1/8 l Weinessig · Senfpulver · Cayennepfeffer · Salz
2 EL Pfefferminzblättchen

Zubereitung

1 Die Stachelbeeren oder den Rhabarber waschen, putzen und klein schneiden. Den Ingwer schälen und fein würfeln. Die Zwiebel abziehen und fein hacken.

2 Das Obst und den Ingwer mit den Zwiebelwürfelchen, dem Zucker, Essig, Senfpulver, Cayennepfeffer und etwas Salz in einem Topf zum Kochen bringen und bei geringer Hitze sirupartig einkochen lassen.

3 Die Pfefferminzblättchen in feine Streifen schneiden und kurz vor Ende der Garzeit unterrühren.

4 Das Chutney noch heiß in saubere, heiß ausgespülte Twist-off-Gläser füllen und die Gläser sofort fest verschließen. Das Chutney kühl aufbewahren.

Panna cotta

Für 4 Personen

1 Vanilleschote · 400 g Sahne · 50 g Zucker · 3 Blatt Gelatine · abgeriebene Schale von 1/2 unbehandelten Orange · 2 cl Grand Marnier · einige Pfefferminzblättchen

Zubereitung

1 Die Vanilleschote seitlich aufschlitzen. Die Sahne mit der Vanilleschote und dem Zucker aufkochen und 10 Minuten ziehen lassen.

2 Die Gelatine in kaltem Wasser einweichen. 4 Auflaufförmchen kalt ausspülen und kühl stellen.

3 Die Vanille aus der Sahne nehmen. Gelatine ausdrücken und in der Sahne auflösen. Orangenschale und Grand Marnier langsam zugeben.

4 Die vorbereitete Masse in die gekühlten Förmchen füllen und im Kühlschrank mindestens 2 Stunden fest werden lassen.

5 Vor dem Servieren die Förmchen kurz in heißes Wasser tauchen. Die Panna cotta auf 4 Dessertteller stürzen, mit den Pfefferminzblättchen garniert servieren. Dazu schmeckt ein Aprikosenkompott, ein Erdbeerragout oder Beerenfrüchte je nach Saison.

»Panna cotta« heißt übersetzt »gekochte Milch« und ist eines der beliebtesten italienischen Desserts. Ausschließlich mit Sahne zubereitet, ist es allerdings eine echte Kalorienbombe.

Eine selbst zubereitete Panna cotta ist zu jeder Jahreszeit etwas Besonderes. Im Winter können Sie Fruchtmousse aus tiefgekühlten Früchten dazu reichen.

Portulak

Dieses bei uns lange Zeit etwas zu Unrecht in Vergessenheit geratene Gewürzkraut wurde früher im Volksmund auch »Bürzelkraut«, »Sauburtzel« oder »Postelein« genannt; der Name »Portulak« entstammt dem lateinischen Wort »portula«, was übersetzt »Pförtchen« bedeutet. In den letzten Jahren wurden die fleischigen Portulakblättchen zunehmend vor allem von Feinschmeckern und Anhängern der Naturküche wieder entdeckt; eine größere Rolle spielt der Portulak seit jeher in der traditionellen mexikanischen Küche.

Herkunft und Botanik

Die ursprüngliche Heimat des Portulaks liegt in Vorderindien, er gelangte jedoch schon früh in die Mittelmeerregion und war im Mittelalter auch bei uns bekannt. Heute wächst er in den gemäßigten, wärmeren Zonen aller Kontinente. Der botanische Name des Portulaks ist *Portulaca oleracea;* er gehört zur Familie der Portulakgewächse, ist einjährig und wird bis zu 30 Zentimeter hoch. An den Zweigspitzen erscheinen bereits nach wenigen Wochen kleine gelbe Blüten. Sehr eng mit dem Portulak verwandt ist der Winterportulak *(Montia perfoliata),* der ebenfalls zur Familie der Portulakgewächse gehört. Er stammt aus Mittelamerika, weshalb er auch »Kubaspinat« genannt wird.

Portulak wird nur sehr selten angeboten. Wenn Sie ihn nicht selbst anbauen können, fragen Sie in gut sortierten Gemüsefachgeschäften nach diesem schmackhaften Kraut.

Portulak anbauen

Da die Pflänzchen keine Kälte vertragen, werden die Samen erst ab Mitte Mai an einem sonnigen Platz in sandige, durchlässige Erde in Reihen mit mindestens 20 Zentimeter Abstand ausgesät und dünn mit gesiebtem Kompost bedeckt, da sie zum Keimen viel Licht benötigen. Für ein höheres Wachstum empfiehlt es sich außerdem, die Sämlinge auszudünnen und häufig zu gießen. Da die Pflänzchen bald verbraucht sind, sollten Sie öfter nachsäen, wenn Sie immer frischen Vorrat haben möchten.

Winterportulak wird ab April und noch einmal im August/September auf die gleiche Weise wie Portulak ausgesät und nur dünn mit Erde bedeckt, wobei die im Herbst gesäten Pflänzchen im Winter einen Frostschutz aus Fichtenreisig brauchen und ebenfalls etwas ausgedünnt werden sollten. Wenn Sie Winterportulak in einem unbeheizten Gewächshaus oder in einem Frühbeet anbauen, können Sie – sofern der Winter nicht allzu kalt ist – die frischen Blätter sogar über die Wintermonate ernten.

Portulak sollte immer möglichst frisch weiterverarbeitet werden, da er so sein Aroma am besten entfalten kann. Zum Einfrieren oder Trocknen ist er nicht geeignet.

Ernte und Aufbewahrung

Die Portulakblätter werden vor der Blüte geerntet und sollten so frisch wie möglich verarbeitet werden. Locker in einen Plastikbeutel verpackt, halten sie sich im Gemüsefach des Kühlschranks höchstens zwei Tage. Zum Trocknen und Tiefkühlen sind sie nicht geeignet, da sie dadurch zu viel von ihrem Aroma verlieren.

Portulak als Heilmittel

Portulak steigert die Magensaftproduktion und wirkt blutreinigend. Früher nutzte man den durstlöschenden Effekt der saftigen Blätter, indem man sie einfach kaute.

Rezepte mit Portulak

Der vitaminreiche Portulak eignet sich hervorragend als Beigabe zu Blattsalaten oder Rohkost, beispielsweise zu Möhren, Sellerie oder Kohlrabi. In pikant angemachtem Quark oder auf dem Butterbrot kommt der nussige, säuerliche Geschmack der Blättchen ebenfalls gut zur Geltung, und auch Suppen und Saucen verleiht Portulak eine feine Würze. Allerdings sollte er möglichst nicht miterhitzt werden, weil er frisch am aromatischsten ist und sein Vitamin-C-Gehalt so am besten erhalten bleibt. Eine weitere Möglichkeit ist, die Blätter wie Spinat als Gemüse zuzubereiten, doch sollten sie auch dann nur möglichst kurz erhitzt werden. Portulakgemüse wird gerne zu Eiergerichten serviert, und die Knospen werden eingelegt auch als Kapernersatz verwendet.

Pita mit Portulakfüllung

Für 4 Personen

200 g Portulakblätter · 4 Tomaten · 100 g Bergkäse · 100 g luftgetrockneter Schinken · Balsamicoessig · Olivenöl · Salz · frisch gemahlener Pfeffer
4 kleine Pitabrote · 50 g Salatmayonnaise

Zubereitung

1 Die Portulakblätter waschen, putzen und trockentupfen. Die Tomaten waschen und trocknen. Die Stielansätze entfernen und die Tomaten in Scheiben schneiden.

2 Den Bergkäse fein hobeln, den Schinken in Streifen schneiden.

3 Aus Balsamicoessig, Olivenöl und etwas Salz und Pfeffer ein Dressing anrühren. Portulak, Tomaten, Käse und Schinken mit dem Dressing vermengen.

4 Die Brote quer zu Dreivierteln aufschneiden, mit Mayonnaise bestreichen und den Salat einfüllen.

Portulak-Brennnessel-Spinat

Für 4 Personen

300 g Portulak · 300 g Brennnesseln · 1 kleine Zwiebel · 2 Knoblauchzehen · Salz
50 g Butter · frisch gemahlener Pfeffer · frisch geriebene Muskatnuss

Dieser feine Spinat schmeckt zu pochiertem Ei und Kartoffelpüree oder als Beilage zu gebratenem Täubchen oder pochiertem Lachs.

Zubereitung

1 Den Portulak und die Brennnesseln putzen und die groben Stiele entfernen. Die Blätter waschen und trockentupfen.

2 Die Zwiebel abziehen und in sehr kleine Würfel schneiden. Den Knoblauch abziehen und im Mörser zusammen mit etwas Salz fein zerstampfen.

3 Die Butter in einem großen Topf erhitzen. Den Knoblauch und die Zwiebelwürfel in der heißen Butter bei mittlerer Hitze in einigen Minuten glasig anschwitzen. Die Portulak- und Brennnesselblätter dazugeben und bei mittlerer Hitze zusammenfallen lassen.

4 Den Portulak-Brennnessel-Spinat mit Salz, Pfeffer und frisch geriebener Muskatnuss pikant abschmecken und sofort anrichten.

Portulak-Tsatsiki mit Rinderschinken

Für 4 Personen

200 g Portulakblätter · 1 Zwiebel · 2 Knoblauchzehen · Salz · 200 g Magerquark
1/2 Salatgurke · frisch gemahlener Pfeffer · 1 EL Balsamicoessig · 3 EL Olivenöl
200 g Rinderschinken, in hauchdünne Scheiben geschnitten

Zubereitung

1 Den Portulak waschen, putzen und trockentupfen. Ein Viertel der Blätter für das Tsatsiki fein schneiden.

2 Die Zwiebel abziehen und fein würfeln. Den Knoblauch abziehen und zusammen mit etwas Salz in einem Mörser zerstampfen.

3 Den Quark mit dem fein geschnittenen Portulak, Zwiebel und Knoblauch vermischen. Die Salatgurke schälen und grob dazuraspeln. Alles mit Salz und Pfeffer abschmecken.

4 Aus Essig, Öl, Salz und Pfeffer ein Dressing anrühren und den restlichen Portulak untermischen.

5 Salat und Tsatsiki auf 4 Tellern anrichten, den Rinderschinken dazulegen und zu Bauernbrot servieren.

Probieren Sie Rinderschinken aus verschiedenen Regionen, z. B. fränkischen Zwetschgabaames (Rinderschinken auf Zwetschgenholz geräuchert) oder das weltberühmte Bündner Fleisch.

Um dem Tsatsiki besondere Geschmacksnoten zu verleihen, können Sie verschiedene Essige probieren.

Rosmarin

Rosmarin ist ein robuster, immergrüner Strauch. Sein wohlklingender lateinischer Name »Ros marinus«, »Tau des Meeres«, ist auf seine ursprüngliche Heimat, die grünen Buschwälder und steilen Küstenhänge des Mittelmeerraumes, zurückzuführen. Im Volks- und Aberglauben spielte Rosmarin seit der Antike eine große Rolle. Als Schutz vor bösen Geistern war er unverzichtbarer Bestandteil von Sieges- und Brautkränzen und wurde in den Kirchen auch als wohlriechender Weihrauchersatz verbrannt.

Rosmarin lässt sich gut durch Stecklinge vermehren: Schneiden Sie zwischen Juni und September von halbreifen Trieben zehn Zentimeter lange Stecklinge, und setzen Sie sie in ein Sand-Torf-Gemisch. Wenn sich Wurzeln gebildet haben, in Komposterde umtopfen.

Herkunft und Botanik

Rosmarin stammt aus dem Mittelmeerraum, wo er wild wachsend weitläufig verbreitet ist. In unseren Klimagebieten ist Rosmarin eine typische Topfpflanze, da er sehr kälteempfindlich ist und in der kalten Jahreszeit nur in der Wohnung überwintern kann. Der botanische Name des Rosmarins ist *Rosmarinus officinalis;* er gehört zur Familie der Lippenblütler, ist mehrjährig und kann unter optimalen klimatischen Bedingungen bis zu zwei Meter hoch werden. Seine Blütezeit ist von März bis Juni.

Sorten

Man unterscheidet bei Rosmarin nicht zwischen Sorten, sondern es gibt nur Geschmacksunterschiede, die durch die Herkunft des Krauts bestimmt werden. Am intensivsten schmeckt Rosmarin, der wild unter südlicher Sonne gewachsen ist, denn dann enthalten die Nadeln die meisten ätherischen Öle, die ihm seinen charakteristischen würzig herben, leicht kampferartigen Geschmack verleihen. Rosmarin aus nördlichen Gefilden entwickelt dagegen ein etwas schwächeres Aroma als sein südlicher »Bruder«.

Rosmarin anbauen

Für den normalen Haushaltsverbrauch sind ein bis zwei Pflanzen völlig ausreichend, die Sie am besten vorgezogen beim Fachhändler kaufen und in einen großen Topf pflanzen. Das Kraut liebt viel Sonne, nicht allzu häufiges Gießen und einen eher kargen, nährstoffarmen Boden, so dass Sie reine Humuserde zuerst mit etwas Sand durchmischen sollten, bevor Sie die Pflanzen hineinsetzen.

Ernte und Aufbewahrung

Rosmarin kann von April bis September geerntet werden. Zum Kochen verwendet man in der Regel nur die nadelartigen Blätter. Zum Konservieren können Sie die Zweige im Frühherbst abschneiden, bündeln und kopfüber zum Trocknen aufhängen, oder aber Sie frieren die frischen Rosmarinnadeln ein (siehe Seite 16).

Rosmarin als Heilmittel

Wie alle Kräuter mit einem hohen Gehalt an ätherischen Ölen wirkt Rosmarin antiseptisch (entzündungshemmend) und verdauungsfördernd. Wegen seiner anregenden Wirkung wird Rosmarin häufig auch, zumeist in Form von Rosmarintee, bei niedrigem Blutdruck und zur allgemeinen Kreislaufstärkung während der Rekonvaleszenz eingesetzt.

Bedenken Sie beim Würzen mit Rosmarin, dass die getrockneten Nadeln schärfer und bitterer schmecken als frische und somit leicht überdosiert werden kann.

Rezepte mit Rosmarin

Besonders in der französischen und italienischen Küche ist Rosmarin ein unentbehrliches Würzkraut. Wegen seines ausgeprägten Eigengeschmacks lässt er sich allerdings nur mit wenigen anderen Kräutern geschmacklich sinnvoll kombinieren, und sein berauschender Geruch verführt zudem leicht zu Überdosierungen. Oft gibt schon ein kleiner Hauch von Rosmarin manchen Speisen das »gewisse Etwas«, und es lohnt sich, als Anfänger zuerst einmal mit Minimaldosen zu experimentieren. Rosmarin passt zu fast jedem Fleisch, wie Wild, Lamm, Rind oder Schwein, und gibt allen mediterranen Gemüsesorten, beispielsweise Tomaten, Auberginen und Zucchini, ihren unverwechselbaren »Mittelmeergeschmack«. Rosmarin sollte im Gegensatz zu den meisten anderen Kräutern beim Kochen stets miterhitzt werden, denn nur so entfaltet er sein volles Aroma.

Entrecôte mit Rosmarin

Für 4 Personen

800 g Entrecôte (Rinderlende) am Stück · 2 EL Rosmarinnadeln · Öl · Salz · frisch gemahlener Pfeffer · 2 Knoblauchzehen · 30 g Butter · 1 Rosmarinzweig

Die gewünschte Garstufe des Fleisches können Sie leicht durch Drücken feststellen: Durchgebratenes Fleisch ist prall und fest, rosa gebratenes Fleisch gibt auf Druck leicht nach.

Zubereitung

1 Das Fleisch waschen und trockentupfen. Die Rosmarinnadeln hacken. Das Fleisch mit Öl und Rosmarin einreiben und zugedeckt einige Stunden im Kühlschrank ziehen lassen.

2 Die Lende herausnehmen und die Rosmarinnadeln entfernen. Das Fleisch salzen und pfeffern und in einem Bräter in heißem Öl kräftig von allen Seiten anbraten.

3 Die ungeschälten Knoblauchzehen, die Butter und den Rosmarinzweig dazugeben und das Fleisch im vorgeheizten Ofen bei 200 °C (Gas Stufe 3–4, Umluft 180 °C) je nach gewünschter Garstufe 30 bis 45 Minuten braten, dabei öfter mit dem Bratensaft begießen.

4 Das Entrecôte aus dem Ofen nehmen und 5 Minuten ruhen lassen. Den Braten in gleich große Scheiben aufschneiden und zusammen mit den Knoblauchzehen und dem Rosmarinzweig dekorativ auf einer großen Platte anrichten.

Dazu schmecken feine Gemüse, kleine gebratene Kartoffeln und Sauce béarnaise (siehe Seite 51).

Glasierte Zickleinschulter

Für 4 Personen

2 Zickleinschultern à 500 g · Salz · frisch gemahlener Pfeffer · 2 EL Öl · 2–3 Knoblauchzehen · 2 Rosmarinzweige · 1/8 l Rotwein · 1/2 l Brühe oder brauner Fond 300 g Möhren · 500 g Kartoffeln · 300 g rote Zwiebeln · abgeriebene Schale von 1 unbehandelten Zitrone

Zubereitung

1 Das Fleisch waschen, mit Küchenpapier trockentupfen und mit Salz und Pfeffer einreiben.

2 Das Öl in einem Bräter erhitzen und das Fleisch darin bei starker Hitze von allen Seiten anbraten.

3 Den Knoblauch abziehen und zusammen mit dem Rosmarin zum Fleisch geben.
4 Die Zickleinschulter im vorgeheizten Backofen bei 200 °C (Gas Stufe 3–4, Umluft 180 °C) etwa 1 Stunde braten, dabei alle 10 Minuten zuerst mit Rotwein, später mit Brühe begießen.
5 Möhren und Kartoffeln schälen und waschen. Die Zwiebeln abziehen und zusammen mit Möhren und Kartoffeln in gleich große Stücke schneiden. Nach etwa 30 Minuten Garzeit das Gemüse um die Zickleinschulter legen und alles mit Salz und Pfeffer würzen.
6 Braten und Gemüse aus dem Ofen nehmen und das Fleisch mit geriebener Zitronenschale bestreuen.

Sie können die Zickleinschulter in der Küche tranchieren und mit der Sauce und den Gemüsen anrichten oder sie in der Form auftragen und am Tisch aufschneiden.

Zanderfilet in Rosmarinsahne

Für 4 Personen
4 Zanderfilets à 150g · Saft von 1 Zitrone · 1/2 TL gemahlener Rosmarin · 2 Rosmarinzweige · 1/8 l Weißwein · 200 ml Fischfond · 200 g Sahne · 40 g Mehlbutter Salz · Pfeffer · 60 g Butter

Zubereitung
1 Die Zanderfilets waschen, trockentupfen, mit Zitronensaft und dem gemahlenen Rosmarin marinieren und ziehen lassen.
2 Die Rosmarinzweige zerkleinern und 4 kleine Zweige davon für die Dekoration beiseite legen.
3 Weißwein, Fischfond und die übrigen Rosmarinzweige aufkochen und 10 Minuten bei schwacher Hitze ziehen lassen. Den Fond durch ein Sieb streichen und offen auf die Hälfte einkochen.
4 Die Sahne angießen, einmal aufkochen lassen, vom Herd nehmen und die Mehlbutter einrühren.
5 Die Zanderfilets salzen, pfeffern und in zerlassener Butter bei mittlerer Hitze auf beiden Seiten goldbraun braten, dabei die Grätenseite der Filets zuerst in die Pfanne legen.
6 Die Rosmarinsauce auf 4 vorgewärmten Tellern verteilen. Die Zanderfilets darauf legen und mit den zurückbehaltenen Rosmarinzweigen dekorieren. Fisch und Sauce zu Butterkartoffeln oder Gemüsenudeln servieren.

Poularde mit Rosmarinjus

Für 4 Personen

1 Poularde von 1,6 kg · Salz · frisch gemahlener Pfeffer · etwas Öl · 2 Rosmarinzweige · 2 Knoblauchzehen · 300 g Wurzelgemüse (Möhren, Lauch, Knollensellerie, Petersilienwurzel) · 1/8 l trockener Weißwein · 1/4 l Geflügelbrühe 1 TL Speisestärke

Das durch ein Sieb passierte Geflügelfett können Sie auch sehr gut für die Zubereitung von Apfelrotkohl verwenden.

Zubereitung

1 Die Poularde innen und außen waschen und trockentupfen. Das Geflügel innen und außen mit reichlich Salz und Pfeffer einreiben und einen Rosmarinzweig in die Bauchhöhle geben.

2 Das Öl in einem Bräter erhitzen und die Poularde darin bei starker Hitze von allen Seiten kräftig anbraten. Den zweiten Rosmarinzweig und die ungeschälten ganzen Knoblauchzehen in den Bräter geben.

3 Die Poularde im vorgeheizten Backofen bei 200 °C (Gas Stufe 3–4, Umluft 180 °C) etwa 1 Stunde braten. Dabei sollte das Geflügel während der ersten 20 Minuten auf der einen Keulenseite, während der nächsten 20 Minuten auf der anderen Keulenseite liegen. Die Poularde während des Garens ab und zu mit dem Bratenfett übergießen und nach 40 Minuten Garzeit auf den Rücken legen.

4 Das Wurzelgemüse waschen, putzen, klein schneiden und während der letzten 20 Minuten der Garzeit im Ofen mitbraten.

5 Die Garprobe machen und die Poularde aus dem Bräter heben. Das Geflügel auf die Brustseite legen und mit Alufolie bedeckt warm halten, damit sich der Saft im Fleisch sammelt.

6 Für die Sauce das Bratenfett über einem Sieb in einen Topf abgießen und zum Kochen bringen. Den Bratensatz mit dem Weißwein ablöschen und mit der Geflügelbrühe auffüllen. Die Sauce aufkochen und nach Belieben mit Salz und Pfeffer abschmecken.

7 Die Speisestärke mit etwas kaltem Wasser anrühren und die Sauce damit binden.

8 Die Poularde im Ganzen auftragen und am Tisch tranchieren. Die Sauce getrennt dazu reichen. Dazu schmeckt ein Kartoffelgratin.

Birnentarte mit Bavaria Blu

Für 4 Personen

4 Platten TK-Blätterteig · 200 g Bavaria Blu · 50 g Sahne · 1 EL Rosmarinnadeln
2 Birnen · 1 EL Zucker · Saft von 1/2 Zitrone · 1 Gewürznelke · 1 Zimtstange
2 cl Birnenschnaps

Zubereitung

1 Aus dem Blätterteig Kreise von 10 bis 12 Zentimeter Durchmesser ausstechen.

2 4 Tarteletteförmchen kalt ausspülen, mit dem Teig auslegen. Mehrmals einstechen.

3 Den Käse zerdrücken und die Sahne einrühren. Einige Rosmarinnadeln beiseite legen, den Rest fein hacken.

4 Die Creme auf dem Teig verstreichen; einen Rand freilassen. Die Tartelettes mit Rosmarin bestreuen und kühl stellen.

5 Die Birnen schälen, halbieren und in 1 Liter Wasser mit Gewürzen 10 Minuten kochen; dann fächerförmig aufschneiden.

6 Je 1 Fächer auf ein Teigstück setzen und im vorgeheizten Backofen bei 200 °C (Gas Stufe 3–4, Umluft 180 °C) 15 Minuten backen.

7 Den Birnensirup einkochen lassen und den Schnaps zugeben. Die Tartes bestreichen und mit restlichem Rosmarin bestreuen.

Die klassische Kombination von Süßem und Pikantem ist Birne und Käse, wie in diesem Rezept. Blitzschnell zubereitet sind die kleinen Birnentartes eine echte Abwechslung.

Die Birnentartes sind bestens geeignet als kleine Speise »zwischendurch«.

Rucola

Die jüngere Biografie des Rucolas ist ein gutes Beispiel dafür, dass das »Schnitzel auf Nachbars Teller« immer größer aussieht als das eigene. Denn erst als unsere altbekannte Rauke unter dem exotischen (italienischen) Namen »Rucola« auf den Markt gebracht wurde, erwachte dieses eigentlich sehr deutsche Würzkraut aus seinem kulinarischen Dornröschenschlaf und erlebte eine kleine Renaissance. Galt Rauke noch vor einigen Jahren als eine seltene Spezialität, findet man sie heute in fast jedem Supermarkt, und ihre volkstümlichen Namen »Senf-« oder »Ölrauke« geben Aufschluss über Geschmack und Verwendung dieses aromatischen Würzkrauts, das in Italien längst ein Klassiker ist.

Herkunft und Botanik

Die ursprüngliche Heimat des Rucolas reicht vom südlichen Mitteleuropa bis nach Afghanistan. Heute wird er vor allem in Italien und Südfrankreich, aber auch in der Türkei gewerblich angebaut. Sein botanischer Name ist *Eruca sativa;* er gehört zur Familie der Kreuzblütler und ist einjährig. Die Blütezeit ist von Juli bis September.

Rucolablätter schmecken nur gut, wenn sie noch zart und jung sind. Achten Sie beim Kauf darauf, dass sie nicht dunkelgrün und ledrig sind.

Sorten

Neben dem uns bekannten Rucola mit seinem kräftigen, leicht scharfen Geschmack, der an Nüsse und Rettich erinnert, gibt es noch die etwas zartere »Türkische Rauke«, die bei uns jedoch noch nicht sehr weit verbreitet ist. Achten Sie beim Kauf von Rucola darauf, dass die Blätter zart und hell- bis mittelgrün sind, denn die älteren dunkelgrünen Blätter schmecken bitter und sind zäh und damit nicht mehr zum Rohverzehr geeignet.

Rucola anbauen

Rucola kann je nach persönlichem Verbrauch ganzjährig immer wieder neu im Blumenkasten, im späten Frühjahr auch im Freiland ausgesät werden. Geben Sie dazu die Samen auf die aufgelockerte Erde, bedecken Sie sie dünn mit einer Schicht Erde, da die Rucolasamen zum Keimen viel Licht benötigen, und dünnen Sie die kleinen Keimlinge später mit einem Abstand von ca. zehn Zentimetern zueinander aus. Die Pflänzchen sind schon mit einem halbschattigen Standort zufrieden, brauchen aber viel Feuchtigkeit.

Ernte und Aufbewahrung

Rucolablätter schmecken jung und zart am besten. Im Kühlschrank bleiben sie etwa drei Tage frisch, wenn man sie mit etwas Wasser besprüht und in einen locker verschlossenen Frischhaltebeutel gibt. Zum Trocknen und Einfrieren sind die Blätter ungeeignet, da sie zu viel Wasser enthalten und ihr typisches Aroma verlieren würden.

Rucola als Heilmittel

Die in der Pflanze enthaltenen Senföle und Bitterstoffe wirken harntreibend und verdauungsfördernd. Bei manchen Menschen wirkt der Verzehr von Rucola leicht abführend.

In der Pfanne gedünstete, klein geschnittene Rucolablätter harmonieren hervorragend mit dem Geschmack von geschmorten Pilzen, wie beispielsweise Egerlingen oder Pfifferlingen.

Rezepte mit Rucola

Rucola ist mit seinem nussigen, leicht herb bitteren Aroma eine sehr eigenwillige Würzpflanze, die nicht jedem liegt. Roh schmeckt Rucola am intensivsten und ist eine gute Ergänzung zu grünen Blattsalaten wie Feldsalat, Kopfsalat, Radicchio oder Löwenzahn. Ein kulinarischer Klassiker aus Italien ist Rucola in Kombination mit Tomaten oder frisch über die noch ofenheiße Pizza gestreut. Feiner im Geschmack werden die Blätter, wenn man sie kurz in Butter andünstet – sie entfalten dabei ein apartes Aroma und verlieren ihre Bitterkeit. Aus gedünstetem Rucola kann man einfache, aber wunderbar schmeckende Vorspeisen kreieren. Der Geschmack von geschmorten Pilzen harmoniert beispielsweise hervorragend mit dem von gebratenen Rucolablättern. In Indien und in den GUS-Staaten verwendet man auch die Samen der Pflanze – zum einen ähnlich wie Senfkörner als Gewürz, zum anderen wird daraus Öl gepresst.

Frühlingssalat mit Kalbsleber

Für 4 Personen

300 g Kräuter (Rucola, Löwenzahn, Sauerampfer, Portulak) · 100 g weißer Spargel · Himbeeressig · Walnussöl · Salz · frisch gemahlener Pfeffer · 4 EL gehackte Kräuter (Petersilie, Pimpinelle, Ysop) · 300 g Kalbsleber · 60 g Butter

Zubereitung

Wenn Sie noch eine abgezogene, klein gehackte Schalotte zufügen, wird das feine Dressing noch pikanter.

1 Die Kräuter waschen, putzen, abtropfen lassen und die Blätter in mundgerechte Stücke zupfen.

2 Den Spargel von oben nach unten schälen und in dünne Scheiben schneiden. Kräuter und Spargel auf 4 großen Tellern anrichten.

3 Ein Dressing aus Himbeeressig, Walnussöl, Salz, Pfeffer und den gehackten Kräutern anrühren und über den Salat geben.

4 Die Kalbsleber waschen, trockentupfen und in 1 Zentimeter dicke Scheiben schneiden.

5 Die Butter in einer Pfanne zerlassen. Die Leberscheiben darin bei mäßiger Hitze von beiden Seiten braten, so dass sie innen noch leicht rosa sind, und kräftig mit Salz und Pfeffer würzen. Die Leberscheiben zum Salat auf die Teller geben und sofort servieren.

Rucolanocken auf Käsesauce

Für 4 Personen

200 g Rucola · 200 g Magerquark · 200 g körniger Frischkäse · 100 g Mehl 50 g Grieß · 4 Eier · Salz · frisch gemahlener Pfeffer · Muskatnuss · 200 g Sahne 50 g geriebener Käse

Zubereitung

1 Den Rucola waschen, trockentupfen und die groben Stiele entfernen. Einige Blätter für die Garnitur beiseite legen, den Rest für etwa 20 Sekunden in einem großen Topf in kochendem Wasser blanchieren, in einem Sieb abtropfen lassen und fein hacken.

2 Den Quark mit dem Frischkäse, Mehl, Grieß, 2 Eiern und den gehackten Rucolablättern verrühren. Die Masse mit Salz, Pfeffer und Muskatnuss würzen und gut 20 Minuten ruhen lassen.

3 Die restlichen Eier mit der Sahne verquirlen und unter ständigem Rühren so lange erhitzen (nicht kochen!), bis eine dickliche Sauce entstanden ist. Den geriebenen Käse darin schmelzen lassen und die Sauce warm stellen.

4 Reichlich Salzwasser in einem großen Topf zum Kochen bringen und mit zwei nassen Esslöffeln walnussgroße Nocken von der Rucolamasse abstechen. Die Nocken in etwa 10 Minuten gar ziehen lassen.

5 Die Rucolanocken mit einem Schaumlöffel aus dem Wasser heben und abtropfen lassen.

6 Die Nocken auf 4 vorgewärmten Tellern verteilen, die Käsesauce darüber gießen und mit den restlichen Rucolablättern garnieren.

TATAR VOM SAIBLING MIT RUCOLASALAT

Für 4 Personen

400 g frisches Saiblingsfilet ohne Haut und Gräten · Salz · frisch gemahlener Pfeffer · Saft von 1/2 Zitrone · 2 TL fein gehackte Käuter (Dill, Kerbel, Petersilie) 6 EL Olivenöl · 200 g Rucola · 2 EL Balsamicoessig

Zubereitung

1 Das Saiblingsfilet mit einem scharfen Messer fein hacken, mit Salz, Pfeffer und Zitronensaft würzen und die Kräuter untermischen. 2 Esslöffel Olivenöl unter die Mischung rühren und das Tatar im Kühlschrank 5 Minuten ziehen lassen.

2 Den Rucola waschen, trockentupfen und anschließend in mundgerechte Stücke zupfen.

3 Aus dem Essig, dem restlichen Olivenöl, Salz und Pfeffer ein Dressing rühren und den Rucola damit vermischen. Den Salat auf 4 Tellern anrichten.

4 Mit einem Löffel walnussgroße Nocken vom Tatar abstechen und die Nocken zum angerichteten Salat legen. Dazu aufgeschnittenes Weißbrot oder Rösti servieren.

Der Saibling, der sowohl in süßen wie in salzigen Gewässern leben kann, ist ein eher kleiner Fisch, der etwa zwischen 250 Gramm und 1,5 Kilogramm wiegt. Er ist eng mit der Forelle und der Äsche verwandt und hat wie diese sehr mageres, zartes Fleisch.

Gebratene Hähnchenbrust mit Rucolapesto

Für 4 Personen

100 g Rucola · 1 Bund glatte Petersilie · 100 g geriebener Käse · 50 g Pinienkerne 100 ml Geflügelbrühe · 400 g dünne Bandnudeln · 4 ausgelöste Hähnchenbrüste Salz · frisch gemahlener Pfeffer · 1 EL Öl · 2 EL Butter

Noch feiner wird das Gericht, wenn Sie den Bratensatz mit etwas trockenem Weißwein ablöschen und ihn als Sauce über die Hähnchenbrüste geben.

Zubereitung

1 Rucola und Petersilie waschen, trockentupfen und die Blätter abzupfen. Die Kräuter im Mixer mit dem Käse, den Pinienkernen und der Brühe fein pürieren.

2 Die Nudeln nach Packungsanleitung in reichlich Salzwasser bissfest garen, über einem Sieb abgießen, kalt abschrecken und gut abtropfen lassen. Die Hähnchenbrüste waschen, trockentupfen, rundherum mit Salz und Pfeffer einreiben.

4 Öl und Butter in einer Pfanne erhitzen und das Fleisch darin von beiden Seiten bei mäßiger Hitze in 10 Minuten goldbraun braten.

5 Die Nudeln zusammen mit dem Rucolapesto nochmals kurz erwärmen und auf 4 Tellern anrichten. Die Hähnchenbrüste aufschneiden und darauf legen.

Omelette mit Rucola

Für 1 Person

3 Eier · 1 EL Sahne · Salz · frisch gemahlener Pfeffer · 1 EL Rucolablätter 1 EL Butter

Zubereitung

1 Die Rucolablätter waschen, trockentupfen und fein hacken.

2 Die Eier mit der Sahne, etwas Salz und Pfeffer und den gehackten Rucolablättern mit einem Schneebesen gut verrühren.

3 Die Butter in einer Omelettepfanne erhitzen. Die Ei-Rucola-Masse hineingeben und bei schwacher Hitze stocken lassen, dabei aber nicht umrühren.

4 Das fertige Omelette an den Pfannenrand schieben, in der Mitte einklappen, auf einen vorgewärmten Teller stürzen und umgehend servieren.

Rucola-Kräuterbutter

Für 4 Personen

2 EL Rucolablätter · 100 g zimmerwarme Butter · 1 Knoblauchzehe · Saft von 1/2 Zitrone · Salz · Cayennepfeffer · Worcestershiresauce

Zubereitung

1 Die Rucolablätter waschen, trockentupfen und fein hacken.

2 Die Butter schaumig schlagen und die gehackten Rucolablätter untermischen. Den Knoblauch abziehen und fein zur Butter reiben.

3 Die Butter mit Zitronensaft, Salz, Cayennepfeffer und Worcestershiresauce abschmecken, in Frischhaltefolie oder Pergamentpapier zu einer Rolle formen und einwickeln und bis zum Gebrauch im Kühlschrank aufbewahren.

4 Zum Anrichten die Butter in beliebig dicke Scheiben schneiden und auf Zitronenscheiben zum jeweiligen Gericht servieren.

Kräuterbutter lässt sich in unzähligen Variationen herstellen. Orientieren Sie sich bei der Kombination der verschiedenen Kräuter an deren Grundgeschmack.

Diese Kräuterbutter schmeckt zu kurz gebratenem Fleisch von Rind, Kalb, Schwein oder Lamm, zu gebratenem oder gegrilltem Fisch oder zu gekochtem Gemüse.

Gut gekühlt und dunkel gelagert hält sich Pesto mehrere Wochen.

Salbei

Salbei ist eine Pflanze, die schon in der Antike von Griechen und Römern als wahres Wundermittel gepriesen wurde, das, außer den Tod selbst, jede nur denkbare Krankheit zu besiegen vermochte. Der botanische Name der Pflanze »Salvia« ist abgeleitet vom lateinischen »salvare«, was »heilen« oder »retten« bedeutet. So sagt denn auch ein englisches Sprichwort: »Iss Salbei im Mai, und du wirst ewig leben.« Salbei findet jedoch nicht nur als Heilpflanze Verwendung, sondern ist seit alters auch ein köstliches, äußerst vielseitig verwendbares Würzmittel. Vor allem in der Mittelmeerküche gibt es zahlreiche berühmte Gerichte, die erst durch Salbei ihr unverwechselbares Aroma erhalten.

Salbei braucht einen warmen, trockenen Standort. Außer in sehr sauren Böden gedeiht er in nahezu jeder gut durchlässigen Gartenerde.

Herkunft und Botanik

Die ursprüngliche Heimat des Salbeis liegt in Kleinasien; heute findet man ihn jedoch fast überall auf der Welt, da er auch in raueren Gebieten überwintern kann. In einigen Mittelmeerländern kommt Salbei an sonnigen Hängen wild wachsend vor. Der botanische Name des Salbeis ist *Salvia officinalis;* er gehört zur Familie der Lippenblütler und ist ausdauernd. Ausgewachsen wird der Salbeistrauch bis zu 70 Zentimeter hoch, seine Blütezeit ist von Juni bis August.

Sorten

Von der Salbeipflanze mit ihren graugrünen, leicht flaumigen Blättern gibt es zahlreiche Arten. Am weitesten verbreitet ist der so genannte Echte Salbei mit seinen würzig aromatischen Blättern, deren Geschmack leicht bitter ist und an Kampfer erinnert. Muskatellersalbei besticht weniger durch einen charakteristischen Salbeigeschmack als durch sein feines Aroma, mit dem der Muskatellerwein gewürzt wird. Er wird auch »Römischer Salbei« genannt und dient als Hopfenersatz bei der Bierherstellung. Der wirkstoffreiche Griechische Salbei wird vor allem für Heiltees verwendet.

Salbei anbauen

Salbei braucht einen warmen, trockenen Standort mit sandiger, kalkhaltiger Erde. Für den normalen Haushaltsbedarf genügt in der Regel eine Pflanze, die Sie am besten im Fachhandel kaufen und ab Mitte Mai ins Freie stellen können. Salbei mag keine »nassen Füße«, daher sollten Sie die Pflanzen eher sparsam gießen. Den Winter überstehen sie besser, wenn man sie mit etwas Reisig abdeckt und die Wurzeln von Topfsalbei vor Frost schützt, indem man das Gefäß mit Noppenfolie umwickelt.

Ein bis höchstens zwei Salbeipflanzen in Ihrem Garten genügen, um die Küche das ganze Jahr über mit frischen Blättern zu versorgen.

Ernte und Aufbewahrung

Die jungen Salbeiblättchen können von Mai bis September geerntet werden. Die beste Erntezeit ist kurz vor der Blüte, denn dann sind sie am aromatischsten. Im Kühlschrank halten sich Salbeizweige etwa vier Tage, wenn man sie mit Wasser besprüht und in einen Frischhaltebeutel gibt. Salbei lässt sich auch sehr gut trocknen oder tiefgefrieren, ohne dass sein Aroma darunter leidet (siehe Seite 16). Für Letzteres werden die einzelnen Blättchen am besten zwischen dick mit Olivenöl bestrichene Alufolie gelegt, bevor sie ins Tiefkühlfach kommen. So bleiben sie geschmeidig und können nach Bedarf auch einzeln entnommen werden.

Salbei als Heilmittel

Salbei hilft bei Erkrankungen der Rachenschleimhäute, wirkt antiseptisch, krampflösend und schweißhemmend.

Rezepte mit Salbei

Salbei kennt man als typisch mediterranes Würzkraut, aber auch nördlich der Alpen wird von alters her mit Salbei gewürzt – vor allem im Zusammenhang mit fetten, kräftigen Speisen wie Aal, Schweinebraten oder gekochtem Schinken ist er bei uns beliebt. Die Italiener verwenden Salbei für zahlreiche Pastasaucen und Fleischgerichte wie Lamm, Hammel, Schwein und Geflügel. Auch Wurstfüllungen und Leber werden oft mit Salbei verfeinert.

Cannelloni mit Ricotta und Salbeibutter

Für 4 Personen

450 g Ricotta · 1 Ei · 50 g geriebener Hartkäse · 1 EL Grieß · Salz · frisch gemahlener Pfeffer · 12 Cannelloni · 2 EL Olivenöl · 16 Salbeiblätter · 1 EL Butter

Noch köstlicher schmecken die Cannelloni, wenn Sie unter die Ricottamasse etwas gehackte Petersilie und Pimpinelle mischen.

Zubereitung

1 Den Ricotta mit dem Ei, dem Reibekäse und dem Grieß in einer Schüssel verrühren. Die Masse nach Geschmack mit Salz und Pfeffer würzen und mindestens 10 Minuten ruhen lassen.

2 Die Cannelloni in Salzwasser 8 Minuten kochen, kalt abschrecken und in einem Sieb abtropfen lassen.

3 Die Ricottamasse in einen Spritzbeutel mit großer Lochtülle geben. Die Cannelloni mit dem Ricotta füllen, in eine mit Olivenöl ausgestrichene feuerfeste Form legen und mit etwas Olivenöl bestreichen.

4 Die Nudeln im vorgeheizten Backofen bei 200 °C (Gas Stufe 3–4, Umluft 180 °C) gut 10 Minuten überbacken.

5 Die Salbeiblätter waschen, trockentupfen und über die Cannelloni streuen. Die Butter in einem Töpfchen zerlassen und über die Salbeiblätter gießen. Die Cannelloni auf vorgewärmten Tellern anrichten und sofort servieren.

Gefüllte Zucchini

Für 4 Personen

350 g gehackter TK-Spinat · 4 kleine Zucchini · 200 g Magerquark · 1 Ei 1–2 Knoblauchzehen · 1 TL gehackte Salbeiblätter · Salz · frisch gemahlener Pfeffer · Muskatnuss · Öl für die Form · 50 g Semmelbrösel · 1/8 l Bouillon oder Gemüsebrühe

Zu den gefüllten Zucchini können Sie Kartoffelschnee servieren: Gekochte Salzkartoffeln durch die Presse drücken und 1 Stückchen Butter obenauf setzen.

Zubereitung

1 Den Spinat auftauen lassen. Die Zucchini waschen und den Blütenansatz abschneiden. Die Zucchini der Länge nach halbieren und die Kerne mit einem Löffel herausschaben. Die Zucchinihälften etwa 2 Minuten in kochendem Wasser blanchieren, herausnehmen, kalt abschrecken und in einem Sieb abtropfen lassen.

2 Den aufgetauten Spinat mit dem Magerquark und dem Ei vermengen. Den Knoblauch abziehen und dazupressen. Alles noch einmal gut vermischen und mit Salbei, Salz, Pfeffer und Muskatnuss pikant abschmecken.

3 Die Masse in einen Spritzbeutel mit großer Lochtülle füllen und gleichmäßig in die ausgehöhlten Zucchinihälften verteilen.

4 Eine feuerfeste Form mit Öl ausstreichen. Die Zucchini hineinsetzen und mit Semmelbröseln bestreuen. Die Bouillon angießen und die Zucchini im vorgeheizten Backofen bei 200 °C (Gas Stufe 3–4, Umluft 180 °C) 15 Minuten überbacken.

Frittierte Salbeiblätter

Für 4 Personen

300 g Mehl · 15–20 g Hefe · 1 TL Melasse · 1–2 Eier · 1 Prise Salz · frisch gemahlener Pfeffer · 40 große, schöne Salbeiblätter · Öl zum Frittieren

Zubereitung

1 Das Mehl in eine große Schüssel sieben. Die Hefe in einem Glas mit lauwarmem Wasser verrühren, die Melasse zufügen und die Hefe so lange an einem warmen Platz ruhen lassen, bis sich obenauf Schaum bildet.

2 Die aufgelöste Hefe zusammen mit dem Hefewasser, 100 Milliliter lauwarmem Wasser und dem Ei zum Mehl geben und alles mit dem Schneebesen gründlich verrühren. Sollte der Teig zu fest werden, esslöffelweise noch etwas lauwarmes Wasser zufügen, bis der Teig relativ flüssig, aber nicht zu dünn ist.

3 Den Teig zugedeckt an einem warmen Platz 30 Minuten ruhen lassen. Das Salz und etwas Pfeffer zufügen und den Teig weitere 30 Minuten stehen lassen.

4 Die Salbeiblätter vorsichtig waschen und abtupfen. Reichlich Öl in einer hohen Pfanne oder einer Fritteuse auf 170 °C erhitzen.

5 Die Salbeiblätter einzeln durch den Teig ziehen, kurz abtropfen lassen und portionsweise im heißen Öl in einigen Minuten goldbraun frittieren.

6 Die frittierten Blätter auf Küchenpapier abtropfen lassen und sofort servieren.

Auf die gleiche Weise können Sie auch schöne, große Basilikumblätter frittieren und wie die Salbeiblätter als köstliche kleine Vorspeise servieren.

Aalspieße mit Salbeibutter

Für 4 Personen

1 kg Aal (enthäutet) · Saft von 1 Zitrone · 2 rote Zwiebeln · 30 Salbeiblätter 4 Speckscheiben · Salz · frisch gemahlener Pfeffer · Öl zum Braten · 60 g Butter

Die dicke Aalhaut lässt sich leichter entfernen, wenn Sie den Aal vor dem Häuten kurz grillen, bis die Haut Blasen wirft.

Zubereitung

1 Den Aal waschen, filetieren und in 3 bis 4 Zentimeter große Stücke schneiden. Die Aalstücke mit dem Zitronensaft beträufeln und einige Minuten ziehen lassen.

2 Die Zwiebeln abziehen und achteln. Die Salbeiblätter waschen, trockentupfen und einige Blätter beiseite legen. Den Speck in gleich große Stücke schneiden.

3 Abwechselnd Aalstücke, Salbeiblätter, Speck und Zwiebelachtel auf 4 Metallspieße stecken. Den restlichen Salbei fein hacken.

4 Die Aalspieße mit Salz und Pfeffer würzen und in heißem Öl bei mittlerer Hitze von allen Seiten unter häufigem Wenden braten.

5 Die Butter zerlassen und den gehackten Salbei unterrühren. Die Aalspieße auf 4 Tellern anrichten und mit der Salbeibutter übergießen. Dazu schmecken kleine gebratene Kartoffeln und ein Wildkräutersalat.

Weiße Bohnencreme mit Salbei

Für 4 Personen

1 kleine Dose weiße Bohnen · 3 frische Salbeiblätter · 100 ml Bouillon · 1 kleine Zwiebel · 2 EL Olivenöl · Salz · 1 Prise Cayennepfeffer · frisch gemahlener Pfeffer 4 Scheiben dunkles Brot · 1 EL fein gehackte Petersilie

Zubereitung

1 Die Bohnen in einem Sieb gut abtropfen lassen und zusammen mit den Salbeiblättern und der Bouillon im Mixer pürieren.

2 Die Zwiebel abziehen, fein hacken und im heißen Öl in einer Pfanne glasig dünsten. Das Bohnenpüree zufügen, alles etwas einkochen lassen und nach Geschmack mit Salz, Cayennepfeffer und Pfeffer würzen.

3 Das Brot toasten, die Creme darauf verteilen und die Petersilie darüber streuen.

Saltimbocca alla romana

Für 4 Personen

8 kleine Kalbsschnitzel à 70 g · Salz · frisch gemahlener Pfeffer · 8 kleine Scheiben roher Schinken · 16 frische Salbeiblätter · Mehl zum Wenden · Olivenöl
100 ml Weißwein

Zubereitung

1 Die Kalbsschnitzel waschen und mit Küchenpapier trockentupfen. Das Fleisch dünn klopfen, von beiden Seiten mit Salz und Pfeffer einreiben und mit jeweils 1 Schinkenscheibe und 2 Salbeiblättern belegen.

2 Die Schnitzel zusammenklappen, mit Zahnstochern an den Rändern gut zustecken und in Mehl wenden. Überschüssiges Mehl abklopfen.

3 Das Olivenöl in einer gusseisernen Pfanne erhitzen und die gefüllten Schnitzel darin bei schwacher Hitze auf beiden Seiten goldbraun braten.

4 Die Saltimbocca auf 4 vorgewärmten Tellern anrichten und warm stellen.

5 Den Bratensatz mit dem Weißwein ablöschen, etwas einkochen lassen und zu den gefüllten Kalbsschnitzeln servieren.

Saltimbocca alla romana ist eine italienische Spezialität, die übersetzt »Spring in den Mund« heißt und angesichts ihres delikaten Geschmacks und der besonders kurzen Zubereitungszeit ihren Namen auch zu Recht trägt. Wichtig für den Geschmack ist, dass Sie nur ganz frische Salbeiblätter verwenden.

Sie können die Salbeibutter am Schluss auch über die Salzkartoffeln geben.

Sauerampfer

Sauerampfer ist eine typische Wiesenstaude, die, wie ihr Name bereits verrät, einen leicht säuerlichen Geschmack hat und deshalb volkstümlich auch als »Sauergras«, »Säuerling« oder »Sauerlump« bekannt ist. Vor allem in Frankreich wird Sauerampfer relativ häufig in der Küche eingesetzt.

Herkunft und Botanik

Sauerampfer ist ein typisches einheimisches Kraut. Sein Hauptverbreitungsgebiet sind Mittel- und Westeuropa sowie einige Regionen Asiens. Man findet Sauerampfer nur dort, wo es viel Wasser gibt, da er als typisches Wiesenkraut viel Feuchtigkeit benötigt. Sein botanischer Name ist *Rumex acetosa;* er gehört zur Familie der Knöterichgewächse und ist ausdauernd. Seine Blütezeit ist von Ende Mai bis August. Dann erscheinen bis zu 60 Zentimeter hohe Blütenstängel mit zahlreichen kleinen rötlich weißen Blütenrispen. Die Blätter des Sauerampfers werden im Laufe des Sommers ledrig, hart und fast bitter, so dass sie für den Verzehr nicht mehr geeignet sind.

Ähnlich wie Löwenzahnblätter schmeckt Sauerampfer am besten, wenn man ihn im April oder Mai erntet. Die Blätter sind dann noch frisch und zart und hinterlassen keinen bitteren Nachgeschmack.

Sorten

Man unterscheidet zwischen Sauerampfer und Römischem Ampfer, der auch »Französischer Spinat« genannt wird. Geschmacklich sind sich Sauerampfer und Römischer Ampfer sehr ähnlich, wobei Letzterem allerdings ein feinerer Geschmack nachgesagt wird. Er schmeckt zitronensauer und ist weniger bitter als der Sauerampfer. Dieser trägt lange, breite hellgrüne Blätter, der Römische Ampfer hat dagegen runde, fleischige und viel kleinere Blätter.

Sauerampfer anbauen

Sie können den Sauerampfersamen entweder im Spätsommer selbst von den Rispen einer wild wachsenden Pflanze ziehen oder aber im Fachhandel kaufen. Säen Sie den Samen um Mitte April in fünf Zentimeter tiefe Saatrillen, und vereinzeln Sie die Pflanzen nach dem Auskeimen auf Abstände von 10 bis 15 Zentimetern. Sie können aber auch bereits ausgewachsene Stauden aus einer Wiese ausgraben und dann in Ihren Garten pflanzen. Am besten gedeihen sie an schattigen, feuchten Stellen in humusreicher Erde. Für etwas Kompost ab und zu sind die Pflanzen dankbar, die nur an besonders heißen Tagen gegossen werden müssen.

Ernte und Aufbewahrung

Geerntet werden stets die jungen, zarten Blättchen, bevor die Pflanze zu blühen beginnt. Die Blätter von Pflanzen im Schatten oder Halbschatten sind zarter als solche, die an sehr sonnigen Plätzen wachsen. Sauerampferblätter schmecken am besten frisch geerntet und sollten stets sofort weiterverarbeitet werden. In einem Plastikbeutel im Gemüsefach des Kühlschranks aufbewahrt, hält sich Sauerampfer nicht länger als einen Tag. Sauerampfer eignet sich zwar nicht zum Trocknen, die Blätter können jedoch durch Einfrieren haltbar gemacht werden (siehe Seite 16).

Sauerampfer als Heilmittel

Die Blätter des Sauerampfers haben eine blutreinigende und harntreibende Wirkung. Sauerampfertee wird innerlich und äußerlich bei verschiedenen Hautkrankheiten und als Entschlackungskur angewendet.

Cremige Gemüsesuppen werden mit einigen klein geschnittenen Sauerampferblättchen zu einer ungewöhnlichen Delikatesse.

Rezepte mit Sauerampfer

Sauerampfer und Römischer Ampfer sind eine Bereicherung für viele Blattsalate und können auch gut mit anderen Wildkräutern und Salaten gemischt werden. Eine Vinaigrette mit Himbeeressig und Walnussöl passt gut zum säuerlichen Geschmack der Blätter, die sich auch für Suppen, Saucen und Fleischfüllungen eignen. So wird etwa eine Kartoffelsuppe mit einigen klein geschnittenen Sauerampferblättchen zu einer echten Delikatesse. Daneben können Sauerampfer und Römischer Ampfer wie Spinat auch als Gemüse zubereitet werden, wobei Stiele und Blattrippen stets entfernt werden.

Kalbsrückensteak mit Sauerampfer

Für 4 Personen

100 g Sauerampfer · 4 Kalbsrückensteaks à 150 g · 50 g Butter · Salz · frisch gemahlener Pfeffer · 100 ml Weißwein · 200 g Sahne · 3 EL geschlagene Sahne

Zubereitung

1 Den Sauerampfer waschen, trockentupfen und die groben Stängel entfernen. Die Blätter in Streifen schneiden.

2 Die Kalbssteaks waschen, trockentupfen und in heißer Butter von beiden Seiten bei mäßiger Hitze rosa braten. Das Fleisch aus der Pfanne heben, mit Salz und Pfeffer würzen und zugedeckt warm halten.

3 Den Bratensatz mit dem Weißwein ablöschen, die Sahne unterrühren und die Sauce bei starker Hitze etwas einkochen lassen.

4 Die Steaks auf 4 vorgewärmten Tellern anrichten. Den Bratensaft und den Sauerampfer in die Sauce rühren. Die geschlagene Sahne unterheben und die Sauce über die Steaks gießen.

Dazu schmecken feine Bandnudeln und Frühlingsgemüse (junge Möhren, Zuckerschoten und Spargel).

Lachs mit Sauerampfer und Rissolekartoffeln

Die Sauce zu diesem Fischgericht wird noch cremiger, wenn Sie die Crème fraîche durch die noch gehaltvollere Crème double ersetzen.

Für 4 Personen

600 g kleine Kartoffeln · Salz · 1 TL Kümmel · 4 Lachsschnitten à 150 g · Saft von 1/2 Zitrone · 1 kleine Zwiebel · 100 g Sauerampfer · 4 EL Öl · frisch gemahlener Pfeffer · 2 EL Butter · 1/8 l Weißwein · 200 g Crème fraîche · 2–4 cl Noilly Prat

Zubereitung

1 Die Kartoffeln waschen, in wenig Salzwasser zusammen mit dem Kümmel in etwa 20 Minuten weich kochen, abgießen, pellen und auskühlen lassen.

2 Die Lachsschnitten waschen, trockentupfen, mit dem Zitronensaft beträufeln und etwas ziehen lassen. Die Zwiebel abziehen und fein würfeln. Den Sauerampfer waschen und trockentupfen. Die groben Stängel entfernen und die Blätter in Streifen schneiden.

3 Die Kartoffeln goldbraun braten, salzen und pfeffern.
4 Den Lachs mit Salz und Pfeffer einreiben und in der Butter bei schwacher Hitze auf beiden Seiten braten. Den Fisch herausnehmen und warm halten.
5 Die Zwiebelwürfel im Bratenfett glasig dünsten und mit dem Wein ablöschen. Die Crème fraîche einrühren und die Sauce offen etwas einkochen lassen. Den Sauerampfer zugeben und mit Noilly Prat abschmecken.

Erbsen auf französische Art

Für 4 Personen

1 kleine Zwiebel · 50 g gekochter Schinken · 1 EL Butter · 80 g Sauerampfer
400 g TK-Erbsen · 200 g Sahne · Salz · 1 Prise Zucker · Muskatnuss

Servieren Sie dazu gebratenes Geflügel, Kalbs- oder Schweinekotelett. Die Erbsen können aber auch schmackhafter Bestandteil einer Gemüseplatte sein.

Zubereitung

1 Die Zwiebel abziehen. Schinken und Zwiebel fein würfeln und in der Butter anschwitzen. Den Sauerampfer waschen, trocknen und in Streifen schneiden.
2 Erbsen und Sahne zufügen. Das Gemüse bei schwacher Hitze 5 Minuten kochen, mit Salz, Zucker und Muskat würzen. Den Sauerampfer untermischen.

Verwenden Sie bei der Zubereitung der Erbsen kein Öl, sondern Butter; sie verfeinert den Geschmack.

Schnittlauch

Schnittlauch zählt mit seinem feinen, zwiebelartigen Aroma zu den beliebtesten Küchenkräutern und ist zudem ein äußerst dankbares Kraut. Er lässt sich leicht ziehen, ist auch mit schattigen Standorten zufrieden und verlangt nur wenig Pflege. Auch im Winter kann man Schnittlauch problemlos auf der Fensterbank in der Wohnung ziehen. Schnittlauch ist ein Universalkraut, das in nahezu allen regionalen Küchen in unzähligen Gerichten auf vielfältige Weise zum Einsatz kommt.

Herkunft und Botanik

Schnittlauch stammt in seiner Wildform vermutlich aus Zentralasien; die uns heute bekannte Kulturpflanze entstand in Italien und kam erst im Mittelalter durch die Benediktiner nach Nordeuropa. Heute ist dieses robuste Würzkraut fast überall in der Welt verbreitet. Der botanische Name des Schnittlauchs ist *Allium schoenoprasum;* er gehört zur Familie der Lauchgewächse und ist ausdauernd. Seine Blütezeit ist von Mai bis August.

Schnittlauch braucht wenig Pflege und gehört wie Petersilie zu den Gartenpflanzen, die am einfachsten zu ziehen sind.

Sorten

Man unterscheidet zwischen fein-, mittelfein- und grobröhrigen Schnittlauchsorten. Die feinröhrigen Sorten sind im Geschmack etwas milder und zarter als die grobröhrigen; diese wachsen jedoch schneller nach und bringen auch höhere Erträge. Freilandschnittlauch hat ein etwas intensiveres Aroma als Treibhausschnittlauch. Eine besondere Schnittlauchspezialität ist Schnittknoblauch, der bei uns allerdings nur in Asienfeinkostgeschäften angeboten wird. Er sieht aus wie Gras und schmeckt nach Knoblauch.

Schnittlauch anbauen

Die einfachste Art, Schnittlauch selbst zu ziehen, ist, junge Setzlinge im Gartenfachhandel zu besorgen und sie im Abstand von 30 Zentimetern in ein Beet, einen großen Topf oder einen Balkonkasten zu pflanzen. Schnittlauch gedeiht am besten, wenn man ihn in leicht lehmigen Boden setzt und nicht der vollen Sonne aussetzt. Wenn Sie die Erde immer gut feucht halten, entwickeln sich die Jungpflanzen innerhalb weniger Monate zu kräftigen Stöcken und versorgen Sie das ganze Jahr über mit frischen Blättern. Aufkeimende Blüten sollten Sie immer sofort entfernen, da der Stock sonst seine ganze Kraft für die Blütenbildung verausgabt. Schnittlauch aus Samen selber zu ziehen lohnt sich nur, wenn man wirklich große Mengen benötigt.

Ernte und Aufbewahrung

Schnittlauch schmeckt am besten erntefrisch, wobei sein Aroma kurz vor Beginn der Blütezeit am intensivsten ist. Wenn Sie Schnittlauch nach der Ernte oder dem Kauf aus dem Supermarkt nicht sofort verbrauchen, stellen Sie ihn gebündelt einfach wie ein Sträußchen Blumen in frisches kaltes Wasser. Schnittlauch eignet sich nicht zum Trocknen und nur bedingt zum Tiefkühlen.

Drei bis fünf Schnittlauchpflanzen reichen für den Bedarf eines normalen Haushalts aus. Beste Qualität bekommen Sie im Gartencenter oder beim Gärtner.

Schnittlauch als Heilmittel

Schnittlauchblätter haben eine leicht antiseptische Wirkung, regen den Appetit an, fördern die Verdauung und wirken leicht harntreibend. Ihr Gehalt an Vitamin C und Vitamin B6 ist außergewöhnlich hoch, so dass schon jedes mit Schnittlauch bestreute Butterbrot das Immunsystem stärkt.

Rezepte mit Schnittlauch

Schnittlauch passt mit seinem milden, frischen Lauchgeschmack zu einer Vielzahl von Gerichten. In feine Röllchen geschnitten würzt Schnittlauch viele Salatsaucen, Suppen, Fleischsaucen und Omeletts. Er schmeckt köstlich in pikanten Quarkgerichten oder auf dem Butterbrot und verfeinert fast jedes Gemüse. Als schmackhafte Garnitur verschönert Schnittlauch kalte Platten ebenso wie Tellergerichte. Besonders dekorativ wirken seine zartlila Blüten. Allerdings sollte Schnittlauch niemals miterhitzt werden, da er sonst sein typisches Aroma verliert.

Pochiertes Rinderfilet mit Schnittlauchschaum

Für 4 Personen

300 g Wurzelgemüse (Möhren, Sellerie) · 1/2 Bund Schnittlauch · 4 Filetsteaks à 180 g · 2 EL Öl · 300 ml Fleischbrühe · 100 ml Weißwein · 1 Lorbeerblatt · Salz Pfeffer · 2 Eigelbe · 1 Messerspitze Speisestärke · Zitronensaft

Zubereitung

1 Das Wurzelgemüse waschen, putzen bzw. schälen und in feine Streifen oder Rauten schneiden. Den Schnittlauch waschen, trockentupfen und in feine Röllchen schneiden.

2 Die Steaks waschen, trocknen, auf beiden Seiten im heißen Öl bei starker Hitze kurz anbraten, aus der Pfanne heben und warm stellen.

3 Den Bratensatz mit der Fleischbrühe und dem Weißwein loskochen. Die Filetsteaks wieder hineinlegen, das Lorbeerblatt und das Gemüse zufügen und alles mit Salz und Pfeffer würzen. Fleisch und Gemüse bei schwacher Hitze einige Minuten garen (die Dauer richtet sich nach dem gewünschten Garpunkt).

4 Für den Schnittlauchschaum die Eigelbe mit der Speisestärke und 1/8 Liter vom Pochierfond im Wasserbad so lange aufschlagen, bis die Masse cremig und fest wird. Den Schaum vom Herd nehmen, kurz weiterschlagen und nach Belieben mit Zitronensaft und etwas Salz abschmecken.

5 Das pochierte Rinderfilet mit dem Wurzelgemüse anrichten. Den Schnittlauch in die Schaumsauce rühren und zum Filet servieren.

Wenn Sie die Gnocchi noch »saftiger« mögen, geben Sie beim Erwärmen 200 Gramm Sahne zu. Gnocchi können Sie mit vielen Saucenvariationen zubereiten – mit Bärlauch, mit Kräutern und geriebenem Käse, in Tomatensauce mit Basilikum oder in Gorgonzolasahne.

Gnocchi mit Schnittlauch

Für 4 Personen

500 g Kartoffeln · Salz · 130 g Mehl · 30 g Grieß · 2 Eigelbe · frisch gemahlener Pfeffer · Muskatnuss · Speisestärke für die Arbeitsfläche · 1 Bund Schnittlauch 2 EL Olivenöl · 50 g Butter

Zubereitung

1 Die Kartoffeln waschen und mit der Schale in wenig Salzwasser in etwa 20 Minuten weich kochen. Die Kartoffeln abgießen, kalt abschrecken, pellen und noch warm durch die Presse drücken.

2 Mehl, Grieß und Eigelbe unter die Kartoffeln mengen und alles kräftig mit Pfeffer und Muskat würzen.

3 Die Arbeitsfläche mit Speisestärke bestäuben. Aus dem Kartoffelteig 2 Zentimeter dicke Rollen formen. Die Rollen in 3 Zentimeter lange Stücke schneiden und mit einer Gabel kleine Vertiefungen eindrücken.

4 Die Gnocchi 5 Minuten in siedendem Salzwasser pochieren, über einem Sieb abgießen, kalt abschrecken und abtropfen lassen.

5 Den Schnittlauch waschen, trockentupfen und fein schneiden.

6 In einer beschichteten Pfanne das Olivenöl und die Butter erhitzen und die Gnocchi kurz darin schwenken. Den Schnittlauch darüber streuen, Gnocchi auf vorgewärmten Tellern anrichten und sofort servieren.

Kartoffel-Quark-Puffer

Für 4 Personen

400 g Kartoffeln · Salz · 1 TL Kümmel · 1/2 Bund Schnittlauch · 200 g Magerquark 2 Eier · frisch gemahlener Pfeffer · Muskatnuss · 2 EL Öl

Besonders gut schmecken die Kartoffel-Quark-Puffer zu einem bunten Salat der Saison oder mit gedünstetem Gemüse.

Zubereitung

1 Die Kartoffeln waschen, mit der Schale in Salzwasser mit dem Kümmel 20 Minuten kochen.

2 Die Kartoffeln abgießen, kalt abschrecken, pellen und noch warm durch die Presse drücken. Den Schnittlauch waschen, trockentupfen und fein schneiden.

3 Magerquark, Schnittlauch und die Eier zum Kartoffelbrei geben. Alles gut vermengen und mit Salz, Pfeffer und Muskatnuss würzen.

4 Aus der Masse kleine Kartoffelpuffer formen und die Puffer in einer beschichteten Pfanne im heißen Öl bei mittlerer Hitze auf beiden Seiten goldbraun braten.

Gebackene Champignons mit Tatarensauce

Für 4 Personen

200 g Champignons · Saft von 1 Zitrone · Salz · frisch gemahlener Pfeffer Worcestershiresauce · 4 Eier · 1/2 Bund Schnittlauch · 150 g Salatmayonnaise 2 EL Mehl · 5 EL Semmelbrösel · Fett zum Frittieren

In der klassischen Küche wird zu diesem Gericht noch frittierte Petersilie gereicht: 1 Bund glatte Petersilie waschen, trockentupfen und 5 Sekunden in heißem Fett schwenken.

Zubereitung

1 Die Pilze putzen, halbieren oder vierteln und mit etwas Zitronensaft, Salz, Pfeffer und Worcestershiresauce marinieren.

2 2 Eier hart kochen, kalt abschrecken, pellen und fein hacken.

3 Den Schnittlauch waschen, trockentupfen, in feine Röllchen schneiden und mit der Salatmayonnaise vermischen. Die Eierwürfel zufügen und alles mit Salz, Pfeffer und Zitronensaft pikant abschmecken.

4 Die restlichen Eier verquirlen. Die marinierten Champignons mit Küchenpapier trockentupfen. Die Pilze zuerst in Mehl, dann in Ei und zuletzt in den Semmelbröseln wenden.

5 Das Fett in einer Fritteuse auf 175 °C erhitzen und die Champignons darin goldbraun frittieren.

6 Die Pilze auf Küchenpapier abtropfen lassen und noch heiß mit der Tatarensauce auf 4 Tellern anrichten.

Spinatmaultaschen in Kräutersauce

Für 4 Personen

100 g gehackter TK- Spinat · 400 g Mehl · 100 g Grieß · 2 Eier · 1 TL Öl · Salz 200 g Magerquark · 50 g geriebener Käse · frisch gemahlener Pfeffer · Muskatnuss · Mehl für die Arbeitsfläche · 2 Eigelb · 30 g Butter · 30 g Mehl · 1/2 l Milch 100 g Sahne · 1/2 Bund Schnittlauch · 1/2 Bund glatte Petersilie

Zubereitung

1 Den Spinat auftauen. Aus Mehl, Grieß, Eiern, Öl, 1 Prise Salz und 100 Milliliter Wasser einen Teig kneten und 1 Stunde ruhen lassen.

2 Den Quark mit dem Käse und dem Spinat vermengen. Die Masse mit Salz, Pfeffer und etwas Muskatnuss abschmecken.

3 Den Nudelteig auf einer bemehlten Arbeitsfläche dünn ausrollen. Die Eigelbe mit etwas Wasser verquirlen und die Teigoberfläche damit bestreichen.

4 Aus dem Teig Quadrate von 8 Zentimeter Seitenlänge ausradeln. In die Mitte jedes Teigstücks etwas von der Quark-Spinat-Masse setzen und die Teigecken darüber schlagen. Die Ränder fest andrücken.

5 Aus 30 Gramm zerlassener Butter und 30 Gramm Mehl eine Mehlschwitze für die Sauce herstellen. Die Milch unter Rühren angießen und die Sauce 15 Minuten bei schwacher Hitze leise kochen lassen, dabei ab und zu umrühren.

6 Die Sauce mit der Sahne verfeinern und mit Salz, Pfeffer und Muskatnuss abschmecken.

7 Den Schnittlauch und die Petersilie waschen, trockentupfen, fein hacken und in die Sauce geben.

8 Reichlich Salzwasser in einem großen Topf zum Kochen bringen und die Maultaschen darin bei schwacher Hitze 8 Minuten ziehen lassen. Die Maultaschen mit einer Schaumkelle vorsichtig herausheben, abtropfen lassen, auf 4 Tellern zusammen mit der Kräutersauce anrichten und sofort servieren.

Nach Belieben können Sie die Spinatmaultaschen außerdem noch mit einigen knusprig gerösteten Zwiebelwürfeln bestreuen.

Achten Sie darauf, dass Sie frische Champignons kaufen. Nur sie sind frittiert noch bissfest und schmackhaft.

Thymian

Schon die Griechen der Antike liebten den würzigen Thymiangeschmack und verbrannten Thymian als wohlriechendes Räucherwerk in ihren Tempeln. Die alten Ägypter nutzten seine stark keimtötende und konservierende Wirkung, um ihre Leichen einzubalsamieren. Thymian, der bei uns auch unter den volkstümlichen Namen »Römischer Quendel« oder »Kuttelkraut« bekannt ist, gehört zu zahlreichen mediterranen Gerichten, etwa zu Ratatouille oder Lammkoteletts vom Grill. Vor allem wenn er unter südlicher Sonne gewachsen ist, entwickelt er ein besonders kräftiges Aroma.

Herkunft und Botanik

Im Gegensatz zu einer bei uns wachsenden Wildthymianart, dem Quendel, sind die Heimat des Gartenthymians die karge Macchia und die Felsböden des westlichen Mittelmeerraumes. Sein botanischer Name ist *Thymus vulgaris;* er gehört zur Familie der Lippenblütler und ist ausdauernd. Ausgewachsen wird der Strauch bis zu 40 Zentimeter hoch, seine Blütezeit ist von Juni bis August.

Gartenthymian stammt im Gegensatz zum so genannten Wildthymian aus den Mittelmeerländern und ist intensiver im Geschmack.

Sorten

Der Echte Thymian ist aufgrund seines starken Aromas die am weitesten verbreitete Sorte. Gelegentlich kann man auf kleinen Bauernmärkten auch Zitronenthymian finden, der intensiv nach Zitrone riecht und ein ideales Fischgewürz ist. Eine besondere Wildform des Thymians, der Quendel, wächst auch bei uns. Seine kleinen Blättchen sind milder im Geschmack als die des Echten Thymians.

Thymian anbauen

Für den normalen Haushaltsbedarf genügen in der Regel zwei bis drei Thymianpflanzen, so dass sich der Aufwand des Ansäens kaum lohnt. Kaufen Sie stattdessen besser im Fachhandel eine kräftige Jungpflanze, die Sie ab Mitte Mai ins

Freie stellen oder pflanzen können. Thymian ist eine Wärme liebende Pflanze, und je sonniger der Standort ist, desto besser entwickelt sich ihr Aroma. Die Pflanze mag keine »nassen Füße« und darf deshalb auch nur mäßig gegossen werden. Thymian ist in der Regel nicht winterhart und muss in der kalten Jahreszeit mit Reisig vor allzu großer Kälte und Feuchtigkeit geschützt werden.

Ernte und Aufbewahrung

Frische Thymianblättchen können den ganzen Sommer über gepflückt werden; die Ernte ganzer Zweige zu Konservierungszwecken sollte jedoch erst kurz vor der Blüte erfolgen, da die Blättchen dann das meiste Aroma haben. Zum Trocknen bündeln Sie die Zweige und hängen sie kopfüber an einen trockenen, luftigen Ort (siehe Seite 16). Thymian verliert sein Aroma dadurch nicht, sondern es wird im Gegenteil noch intensiver. Wollen Sie den Winter über frischen Thymian haben, können Sie ihn auch tiefkühlen, und wenn Sie Wert auf die dekorativen und schmackhaften Blüten legen, lassen Sie einfach einen Strauch zur Blüte kommen.

Thymian als Heilmittel

Thymian ist vor allem bei entzündlichen Erkrankungen der Atemwege und Husten ein hervorragendes Mittel zur Schleimlösung, denn er wirkt keimtötend und fördert den Auswurf. Daneben wirkt er wie die meisten Küchenkräuter verdauungsfördernd, harntreibend und krampflösend.

Thymian ist zusammen mit Oregano, Basilikum, Rosmarin und Lavendel wichtiger Bestandteil der berühmten Kräutermischung Herbes de Provence.

Rezepte mit Thymian

Der würzige Geschmack des Thymians passt vorzüglich zu allen mediterranen Gemüsesorten wie Zucchini, Auberginen, Paprika und Tomaten. Auch Hülsenfrüchte, Kartoffeln und Pilze vertragen sein kräftiges Aroma sehr gut. Geflügel, Wild, Lamm- und Schweinefleisch werden ebenfalls gerne mit Thymian gewürzt, denn sie erhalten nicht nur eine feine Würze, sondern fetteres Fleisch wird mit Thymian auch leichter verdaulich. Bei Thymian ist allerdings Vorsicht geboten, denn sein starkes Aroma verführt zum Überwürzen.

Thymianhörnchen

Für 12 Hörnchen

6 Platten TK-Blätterteig · Mehl für die Arbeitsfläche · 2 Frühlingszwiebeln 20 g Butter · 2 EL Sahne · Salz · frisch gemahlener Pfeffer · Muskatnuss · 50 g gekochter Schinken · 50 g Mozzarella · 1 Bund Zitronenthymian · 1 Eigelb

Zubereitung

1 Die Blätterteigplatten auf einer leicht bemehlten Arbeitsfläche auftauen lassen, etwas ausrollen und die Teigstücke diagonal halbieren.

2 Die Frühlingszwiebeln waschen, putzen, in feine Ringe schneiden und in heißer Butter andünsten. Die Sahne angießen und alles mit Salz, Pfeffer und Muskatnuss würzen. Die Sauce einige Minuten bei schwacher Hitze leise kochen und anschließend abkühlen lassen.

3 Den Schinken und den Mozzarella fein hacken und in die Zwiebelmasse rühren. Den Zitronenthymian waschen und trockentupfen. Die Blättchen abzupfen und zu der Mischung geben.

4 Jeweils 1 Esslöffel Füllung auf die breite Seite eines Teigstücks setzen. Den Teig über die Füllung von der breiten zur schmalen Seite aufrollen. Das Eigelb mit etwas Wasser verquirlen und die Hörnchen damit überall bestreichen.

5 Die Hörnchen mit der Spitze nach unten auf ein mit Wasser benetztes Blech setzen und im vorgeheizten Backofen bei 200 °C (Gas Stufe 3–4, Umluft 180 °C) etwa 15 Minuten backen.

Gebratene Auberginen

Die köstlichen gebratenen Auberginen passen auch vorzüglich als Antipasti zu einem Buffet mit mediterranen Spezialitäten und lassen sich gut vorbereiten.

Für 4 Personen

2 Auberginen · 1–2 Knoblauchzehen · Salz · frisch gemahlener Pfeffer · 2 Tomaten · 2 EL frische Kräuter (Thymian, Petersilie, Basilikum) · 50 g Semmelbrösel 50 g geriebener Parmesan · 2–3 Eier · 2 EL Mehl · Olivenöl

Zubereitung

1 Die Auberginen waschen, den Stielansatz entfernen und in 1 Zentimeter dicke Scheiben schneiden. Den Knoblauch abziehen und fein reiben. Die Auberginen

mit Salz, Pfeffer und Knoblauch würzen.
2 Die Tomaten mit kochendem Wasser überbrühen, kalt abschrecken und abziehen. Das Fruchtfleisch vierteln, entkernen und in kleine Würfel schneiden.
3 Die Kräuter waschen, trockentupfen und fein hacken.
4 Die Semmelbrösel mit dem Parmesan und der Hälfte der Kräuter mischen.
5 Die Eier verquirlen. Die Auberginenscheiben zuerst in Mehl wenden, dann durch die Eimasse ziehen und in der Semmelbröselmischung panieren.
6 Die panierten Auberginenscheiben portionsweise in heißem Olivenöl bei mäßiger Hitze von beiden Seiten knusprig braten.
7 Die Tomatenwürfel mit wenig Olivenöl in einer zweiten Pfanne kurz erwärmen und die restlichen Kräuter untermischen.
8 Die Auberginenscheiben mit den Tomatenwürfeln zu Fisch, Lamm oder Kalbfleisch anrichten.

Eingelegte Eier

Für 4 Personen

12 Eier · 3 Knoblauchzehen · 1 EL Pfefferkörner · 1/2 l Rotwein · 300 ml Rotweinessig · je 1 Zweig Thymian, Rosmarin und Basilikum · 1 TL Zucker · 1 EL Salz
3 EL Olivenöl

Diese einfache Gericht mit großem Geschmackserlebnis eignet sich ideal für kalte Buffets, Salate oder kalte Braten, für ein Picknick oder die Grillparty.

Zubereitung

1 Die Eier hart kochen, kalt abschrecken und pellen. Die Knoblauchzehen abziehen. Die Pfefferkörner im Mörser zerdrücken.
2 Den Wein mit dem Essig, den Thymian-, Rosmarin- und Basilikumzweigen, Zucker, Salz, Knoblauch und den Pfefferkörnern einmal aufkochen.
3 Die Eier in ein Einmachglas schichten und den heißen Sud mit den Gewürzen darüber gießen. Das Öl zugeben und das Glas gut verschließen. Die Eier 10 bis 14 Tage kühl stellen.

Lammrücken mit Kräuterkruste

Für 4 Personen

80 g Weißbrot · 1–2 Knoblauchzehen · 3 EL Kräuterblättchen (Thymian, Rosmarin, Petersilie) · 60 g Butter · Salz · frisch gemahlener Pfeffer · 800 g Lammrücken 2 EL Öl · 1 Zweig Thymian · 1 Zweig Rosmarin · 100 ml Rotwein · 100 ml brauner Fond oder Brühe · 1 EL mittelscharfer Senf

Zubereitung

Zum Lammrücken schmecken gedünstete und in etwas Butter geschwenkte Bohnen oder Wirsing und ein Kartoffelgratin.

1 Vom Weißbrot die Rinde abschneiden und das Brot würfeln. Die Knoblauchzehen abziehen und halbieren. Weißbrotwürfel, Kräuterblättchen und Knoblauch im Mixer zerkleinern. Die Butter zugeben und die Masse mit Salz und Pfeffer würzen.

2 Den Lammrücken waschen, trockentupfen und mit Salz und Pfeffer einreiben. Das Fleisch in einem Bräter zusammen mit dem Thymian- und Rosmarinzweig rosa braten. Das Fleisch mit den Kräuterzweigen aus dem Bräter heben, in Alufolie einschlagen und 5 Minuten ruhen lassen.

3 Das Bratenfett abgießen. Den Bratensatz mit Rotwein ablöschen und mit Fond auffüllen. Die Sauce aufkochen und abschmecken.

4 Den Lammrücken aus der Folie nehmen und den Bratensaft in die Sauce rühren. Eine Seite des Rückens mit Senf bestreichen und die Kräuterkruste darauf verteilen. Alles im vorgeheizten Backofen bei starker Oberhitze goldbraun überbacken und den Lammrücken bei Tisch tranchieren.

Überbackene Tomaten

Für 4 Personen

4 Fleischtomaten · Salz · frisch gemahlener Pfeffer · 1 kleine Zwiebel · 1 Knoblauchzehe · 2 EL Semmelbrösel · 2 EL fein gehackte Kräuter (Thymian, Petersilie, Basilikum) · 2 EL Olivenöl · Öl für die Form

Servieren Sie die überbackenen Tomaten als Beilage zu gegrilltem Fisch, Lammkoteletts oder als Bestandteil einer Gemüseplatte.

Zubereitung

1 Die Tomaten waschen, quer halbieren, salzen und pfeffern.

2 Zwiebel und Knoblauch abziehen, fein hacken und mit Semmelbröseln, Kräu-

tern und Olivenöl verrühren. Die Masse auf die halbierten Tomaten streichen.
3 Die Tomaten in eine mit Öl bestrichene Form setzen und im vorgeheizten Backofen bei 220 °C (Gas Stufe 4–5, Umluft 200 °C) etwa 10 Minuten überbacken. Eventuell mit Alufolie abdecken.

Waldbeeren in Thymiangelee

Für 4 Personen

150 g Himbeeren · 200 ml Gewürztraminer · 40 g Zucker · 1 EL Zitronenthymian
2 Blatt Gelatine · 250 g Waldbeeren

Zubereitung

1 Die Himbeeren waschen, verlesen und durch ein Sieb streichen. Das Püree in Gläser füllen und kühl stellen.
2 Wein, Zucker und Thymianblättchen kurz aufkochen.
3 Die Gelatine in kaltem Wasser einweichen, ausdrücken und im heißen Wein auflösen. Den Wein lauwarm abkühlen lassen.
4 Die Waldbeeren waschen, verlesen und auf das Himbeerpüree geben. Den Thymianwein darüber gießen und alles mindestens 2 Stunden im Kühlschrank fest werden lassen.

Zu den köstlichen Waldbeeren schmeckt ein selbst gemachtes Champagner- oder Zitronensorbet sehr gut.

Die Zubereitung des Lammrückens nimmt etwas Zeit in Anspruch, aber das Ergebnis wird Sie belohnen.

Impressum

Redaktion
Christine Pfützner

Projektleitung
Berit Hoffmann

Redaktionsleitung
Dr. Reinhard Pietsch

Bildredaktion
Ute Schoenenburg

DTP
Der Buch*macher*
Arthur Lenner,
München

Umschlag
Hempel/Langkau,
München

Produktion
Manfred Metzger

Druck und Bindung
Westermann, Zwickau

Gedruckt auf chlor- und säurearmem Papier

Printed in Germany

ISBN 3-7787-3728-7

Anmerkung der Redaktion

Diesem Buch liegt die im Juli 1996 in Wien beschlossene und seit 1.8.1998 verbindliche Neuregelung der deutschen Rechtschreibung zu Grunde.

Hinweis

Das vorliegende Buch ist sorgfältig erarbeitet worden. Dennoch erfolgen alle Angaben ohne Gewähr. Weder Autorin noch Verlag können für eventuelle Schäden, die aus den im Buch gemachten Hinweisen resultieren, eine Haftung übernehmen.

Bildnachweis

Alle Bilder stammen von Christian Kargl/Ute Schoenenburg, München, außer:
AKG, Berlin: 8; Bilderberg, Hamburg: 10 (Eberhard Grames); Das Fotoarchiv, Essen: 9 (Andreas Riedmiller); Image Bank, München: 12 (Brigitte Lambert); Premium, Düsseldorf: 14 (H. Farkaschovsky); Südwest Verlag, München: 18 Archiv, 20, 24, 30, 42, 48, 51, 54, 64, 74, 77, 80, 84, 88, 92, 94, 98, 100, 108, 117, 120, 130, 133, 136, 138 (Karl Newedel), 38, 68 (Peter Rees), 71, 126 (Amos Schliack), 114 (N. Herrmann); Tony Stone, München: 13 (John Turner), 17 (Christel Rosenfeld)

Register

Rezepteregister

Sachregister